Maurenbrecher / Koch

Goethe und die Juden

Wissenschaftliche Quellentexte

Dr. Max Maurenbrecher

Dr. Franz Koch

Goethe und die Juden

Beiträge zur wechselhaften Geschichte der Juden-Emanzipation in Deutschland

Herausgegeben von Wieland Körner

*

Faksimile-Dokumentation

Faksimile-Verlag · Bremen

Wissenschaftliche Faksimile-Dokumentation

Quellen zur Kulturgeschichte

Deutsche Klassik / Antisemitismusforschung

Erscheinungsjahr: 2006

Verlag Wieland Körner KG

Faksimile-Verlag Bremen

D-28334 Bremen - Postfach 33 04 04

Titelabbildung: AKG

Inhalt

Hinweis des Verlages

Die vorliegende Faksimile-Dokumentation erscheint für wissenschaftliche Zwecke, insbesondere zur Ergänzung von Bibliotheken und Sammlungen. Bei den nachfolgend im Faksimile veröffentlichten Schriften von Dr. Max Maurenbrecher und Dr. Franz Koch »Goethe und die Juden« handelt es sich um originalgetreue Wiedergaben älterer Druckwerke, deren Inhalt aus der Zeit *vor* Gründung der Bundesrepublik Deutschland stammt. Aus diesem Grund können *inhaltlich* an beide Texte *keine aktuellen politischen oder weltanschaulichen Ansprüche* gestellt werden. Die beiden Verfasser – und nicht zuletzt der zitierte Klassiker Johann Wolfgang von Goethe – verwenden in ihren Schriften zeittypische Formulierungen aus einer früheren, heute der Vergangenheit angehörenden Geschichts- und Wissenschaftsepoche. Einzelne Formulierungen enthalten Wertungen, die in unserem heutigen Sprachgebrauch und Wertesystem nicht mehr vorkommen oder nur noch eingeschränkt Verwendung finden. Die vorliegenden geschichtlichen Texte können aus diesem Grund nur in Bezug auf ihren historischen Kontext verstanden werden. Der Verleger und Herausgeber dieses Werkes distanziert sich ausdrücklich von allen historischen Aussagen, die unter Zugrundelegung aktueller Maßstäbe unter Umständen die Würde des Menschen oder die Sphäre der in Deutschland lebenden jüdischen Minderheit bzw. Religionsgemeinschaft beeinträchtigen könnten. – Das vorliegende Werk dient als Quellenschrift zur staatsbürgerlichen Aufklärung über Vorgänge aus Geschichte und Kultur. Es genießt den besonderen Schutz von Wissenschaft und Forschung. Die Druckqualität der vorliegenden Faksimile-Veröffentlichung entspricht jener der zur Verfügung stehenden Originale aus den Jahren 1921 und 1937.

Ihr Faksimile-Verlag Bremen

Einführung

Vor einem Jahr hat der Potsdamer Literaturwissenschaftler *Willi Jasper* im angesehenen Berliner Propyläen-Verlag ein Bewältigungsbuch vorgelegt, auf das die literarische Welt viele Jahrzehnte gewartet hat: *»Deutsch-jüdischer Parnaß.*[1] *Literaturgeschichte eines Mythos«*.[2] Ein Kapitel dieser vielbeachteten Monographie ist dem deutschen Klassiker Goethe (1749-1832) gewidmet, der – was oft beschwiegen und umgedeutet worden ist – ein mehr als zwiespältiges Verhältnis zum Judentum seiner Zeit hatte. Johann Wolfgang von Goethe, der »Dichterfürst«, pflegte zwar einerseits Kontakte zu einzelnen prominenten Juden der damaligen Epoche *(Mendelssohn, Beer, Oppenheim, von Eybenberg, von Grotthus)*. Zugleich wandte er sich aber eindeutig und entschieden gegen die in Deutschland um 1780 einsetzende bürgerliche Gleichstellung, die Emanzipation der Juden.

»Finanzgeheimrätlicher ... Humanitätssalbader«

Im Jahr 1778, nur ein Jahr bevor *Lessing* seinen *»Nathan der Weise«* aufführte, hat sich Goethe in seinem berühmten Gedicht *»Jahrmarktsfest in Plundersweilern«* höchst emotional gegen die im Volk zumeist als fremd und von der Intelligenz häufig als »zersetzend« empfundene jüdische Wesenheit gewandt:

---

1 Parnaß: Reich der Dichtkunst, *im übertragenen Sinne* Musen-Tempel.

2 Willi Jasper: *»Deutsch-jüdischer Parnaß – Literaturgeschichte eines Mythos«*. Berlin, Frühjahr 2004.

»... Du kennst das Volk, das man die Juden nennt,
Das außer seinem Gott nie einen Herrn erkennt.
....
Und dieses schlaue Volk sieht einen Weg nur offen:
So lang' die Ordnung steht, so lang' hat's nichts
zu hoffen.
Es nährt drum insgeheim den fast gelöschten Brand,
Und ehe wir's versehn, so flammt das ganze Land.«

Später wurde Goethe konkreter und argumentierte nun polemisch-politisch: Er kritisierte den jüdischen Hoffaktor *Israel Jacobsohn*, der 1805 die Berufung eines »souveränen jüdischen Rats« verlangte, um einen eigenen hierarchischen jüdischen Staat im christlichen Staat zu bilden. Als 1808 eine anonyme Kampfschrift gegen den Hoffaktor Jacobsohn in Umlauf kam, schrieb Goethe: »Es war mir sehr angenehm zu sehen, daß man den finanzgeheimrätlichen, Jacobinischen Israels Sohn so tüchtig nach Hause geleuchtet hat ...«. »Leider«, so Goethe weiter, sei die Schrift »nicht rasch, kühn und lustig genug geschrieben, wie es hätte sein müssen, um jenen Humanitätssalbader vor der ganzen Welt ein für allemal lächerlich zu machen«.

»Wir dulden keinen Juden ...«

Auch ethnisch-kulturell äußerte sich Goethe: Wir »dulden ... keinen Juden unter uns; denn wie sollten wir ihm Anteil an der höchsten Kultur vergönnen, deren Ursprung und Herkommen er [der Jude] verleugnet?«.[3] Goethe sieht nicht nur in der voremanzipatorischen (rechtlichen) Sonder-

3 Goethe: *Cottasche Jubiläumsausgabe,* Band 20, Seite 161. Koch, Seite 13.

stellung der Juden ein Hindernis zu einer Annäherung zwischen Juden und Deutschen. Er sieht eine wechselseitige Differenz »nach Ursprung und Herkommen«. Goethes Unterscheidung der kulturellen Wesenheiten erscheint dabei keineswegs formal, etwa durch Religionswechsel und Anpassung überwindbar. Nein: Goethe geht in der Urspungsfassung seiner *»Maximen und Reflexionen«* deutlich über eine bloß formale, *am Menschenrechtsgedanken der Emanzipations-Bewegung ausgerichtete* Differenzierung hinaus: »Die Juden sind in der höheren Organisation ein Beispiel«. Ein Beispiel dafür nämlich, daß die Natur in eine Spezifikation gerate, aus der sie nicht mehr zurück könne.[4] Goethe spricht von der – wesensbestimmten – »hartnäckigen Natur« der Juden. Und noch deutlicher: Von der »Hartnäckigkeit ihrer Nationalbildung«. Mithin also von einer eigenen Abstammung, die in ihrer politischen Ausformung für ein Nationaljudentum *(Zionismus)* prädestiniert sei.[5]

---

4 Koch, Seite 22.

5 Diese Denkfigur, in der Goethe die Idee des Zionismus klar vorwegnimmt, hat sich über den spannungsreichen Prozeß der Juden-Emanzipation – also die bürgerliche Gleichstellung der Juden in Europa und der Welt – perspektivisch bis heute erhalten. Judentaufen, Religionswechsel und alles Streben nach Assimilation wurden in vielen innerjüdischen Kontroversen zur religiösen und nationalen Selbsterhaltung immer aufs Neue abgelehnt. Dem Antisemitismus kommt in dieser Hinsicht, so erklärt es *Theodor Herzl* in seinem *»Judenstaat«* (1896), eine sekundäre Bedeutung als Begleiterscheinung zu. Ihren stärksten Ausdruck findet diese These bei *Gustav Krojanker,* dem Weggefährten *Chaim Weizmanns,* der die Grundideen des jüdischen Nationalgedankens *(des Zionismus)* und des deutschen National-Sozialismus weitestgehend gleichsetzt. Vgl. dazu: Gustav Krojanker: *»Zum Problem des neuen deutschen Nationalismus – Eine zionistische Orientierung gegenüber den nationalistischen Strömungen unserer Zeit«,* Verlag der Jüdischen Rundschau, Berlin 1932.

Weithin bekannt ist Goethes Zornausbruch vom September 1823, in dem er sich gegen das neue Judengesetz und die »Mischehen«[6] zwischen Juden und Christen wandte: Wenn der Generalsuperintendent Charakter habe, polterte Goethe gegenüber dem *Kanzler von Müller*, müsse er seine Stelle niederlegen. Alle sittlichen Gefühle in den Familien würde man »durch ein solch skandalöses Gesetz untergraben.«[7] Derartige abwehrende Stimmungen Goethes – zum Teil christlich unterlegt – steigerten sich im Laufe der Jahre. Gleichwohl zollte Goethe den Juden durchaus auch pauschale Anerkennung. So schrieb er:

> »Das israelitische Volk hat niemals viel getaugt, wie es ihm seine Anführer, Richter, Vorsteher, Propheten tausendmal vorgeworfen haben: es besitzt wenig Tugenden und die meisten Fehler anderer Völker: aber ... an Zähigkeit sucht es seinesgleichen. Es ist das beharrlichste Volk der Erde; es ist, es war, es wird sein, um den Namen Jehovah durch alle Zeiten zu verherrlichen.«[8]

Goethe billigt dem Judentum – man kann es objektiver nicht sagen – in hohem Maße »Verstand, Scharfsinn und Kraft« zu. Eigenschaften, die 1937 von dem NS-Goethe-Forscher *Franz Koch* mit dem Begriff »Rasse« *(Verstand, Scharfsinn und Kraft)* übersetzt werden.[9]

---

6 Der Begriff ›Mischehe‹ wurde bereits in der Goethe-Zeit zur Charakterisierung von Ehen gemischter Konfession angewandt.

7 Goethe: *Gespräche,* Band 3, Seite 12.

8 Goethe: *Cottasche Jubiläumsausgabe,* Band 19, Seite 186.

9 Koch, Seite 18.

Das Thema »Goethe und die Juden« wird ausgespart

Schon diese kleine Auswahl kritischer Goethe-Texte zum Judentum vermag vielleicht zu erklären, warum man den deutschen Dichter von jüdischer Seite beispielsweise einen »Bierbankphilister« *(Julius Bab)* scholt. *Ludwig (Baruch) Börne* verstieg sich gar zu der abgründigen Tirade: »Seit ich fühle, habe ich Goethe gehaßt, seit ich denke, weiß ich warum ... «.

In der heute verbreiteten Goethe-Literatur wird das Kapitel »Goethe und die Juden« in aller Regel ausgespart. *Willi Jasper* bildet hier eine Ausnahme. Er betitelt das Goethe-Kapitel in seinem hier zitierten Werk: *»Goethe und die Juden – eine „faustische“ Beziehungsgeschichte«*. Konkret beschränkt er sich zum Verhältnis Goethes zum Judentum dann auf wenige Sätze.[10] Darin bringt er zum Ausdruck, daß sich in »Goethes persönlicher Haltung zu den Juden ... nicht leicht differenzierbare Elemente ... religiöser, politischer und ästhetischer Art« miteinander mischten. Er zitiert das *Jüdische Lexikon* von *Herlitz/Kirschner* aus dem Jahr 1927, wonach es selbst bei vorsichtigster Kritik einzelner Goethe-Zeugnisse ganz einfach unzulässig sei, »durch Zusammenstellung aller dieser Aussprüche«, den Standpunkt des Dichters »zu konstruieren oder gar ihn auf Grund einer Statistik der positiven und negativen Wertungen für eine Partei in Anspruch zu nehmen«. – Für Willi Jasper ist diese Position, die *Hugo Bieber* 1927 in das *Jüdische Lexikon* eingeführt hat, sakro-

---

10 Jasper, Seite 98.

sankt. Er anerkennt eine Art Zitierverbot, das an das jüdische Bilderverbot erinnert. Damit hindert er freilich die meisten seiner Leser daran, sich vom wirklichen Inhalt des betrachteten Forschungsgegenstandes klare Vorstellungen zu machen.

Willi Jasper erwähnt in seinem Buch nicht, daß *Dr. Max Maurenbrecher* 1921 die vorliegende – im Prinzip unpolemische – Zusammenstellung der meisten Goethe-Äusserungen über das Judentum längst veröffentlicht hat. Lapidar schreibt Jasper: »Das Thema ›Goethe und die Juden‹ scheint – ebenso wie das umgekehrte Verhältnis – im Wesentlichen erforscht und bewertet«.[11] Er bezieht sich mit dieser Aussage wahrscheinlich auf das Werk von *Heinrich Teweles »Goethe und die Juden« (1925).*[12] Seine eigene Aufmerksamkeit richtet Willi Jasper jedenfalls, obwohl er die ganze »faustische Beziehungsgeschichte« zwischen Goethe und den Juden kennt, nur einseitig auf das »umgekehrte Verhältnis«, also auf das Verhältnis jüdischer Literaten zu Goethe.

Goetheverehrung erst 60 Jahre nach dem Tod

Zu diesem »umgekehrten Verhältnis« *(dem Verhältnis jüdischer Literaten zu Goethe)* vermittelt Willi Jasper den Eindruck, daß die frühen Goethe-Biographien »in ihrer kritischen Sicht auf Goethes Gegnerschaft zur Juden-Emanzipation« von einem »starken Assimilationswunsch« ihrer jüdischen Verfasser »überlagert« waren.[13] Das besagt, daß die zum Teil niederschmetternden Äußerungen jüdi-

---

11 Jasper: Seite 99.
12 Heinrich Teweles: *»Goethe und die Juden«*, Hamburg 1925.
13 Jasper, Seite 114.

scher Autoren über Goethe als Person und sein Werk weit über des Dichters Tod hinaus als Antwort, mithin als Reaktion zu verstehen sind auf Goethes fundamentale Judenkritik im Laufe seines Schaffens. Um den klassischen Chiasmus[14] allerdings zu verstehen, muß man die Aussagen *beider* Seiten kennen. *Willi Jasper* liefert in seinem Werk *»Deutsch-jüdischer Parnaß«* für die eine Seite *(für Goethe)* bedauerlicherweise kein einziges Beispiel.

Um so verdienstvoller ist dann sein Hinweis auf die Arbeit *Hans Otto Horchs* aus dem Jahr 1985 über die Goethe-Rezeption für jüdische Leser in der liberalen *»Allgemeinen Zeitung des Judentums«* von 1837 bis 1922. Sie spiegelt wider, woran man sich in jüdischen literarischen Kreisen so lange gerieben hat: Könnte man Goethe nämlich einfach als Philosemiten oder dem Judentum irgendwie neutral Gegenüberstehenden vereinnahmen, hätte es über einen Betrachtungszeitraum von rund 90 Jahren nach Goethes Tod (1832) in der *»Allgemeinen Zeitung des Judentums«* nicht eines Zeitabschnitts von gut 60 Jahren bedurft, bis die ursprünglich harsche und »giftige« Ablehnung Goethes schließlich um 1890 einer differenzierten Darstellung und endlich 1899 einer regelrechten Goethe-Verehrung gewichen ist. Erst anläßlich des 150. Geburtstagsjubiläums veröffentlichte *Ludwig Pick* 1899 in der *»Allgemeinen Zeitung des Judentums«* einen Artikel in dem Goethe als größter Dichter Deutschlands gewürdigt wurde. In dieser Veröffentlichung wird Goethes Objektivität als »weltliche(s) Evangelium« hervorgehoben, das zu einem »mächtigen

---

14 Chiasmus: Die Überkreuzstellung von Goethes Verhältnis zu den Juden – versus: Die Antworten der jüdischen Literaten auf Goethes Judenkritik.

Hebel der Toleranz unter den Menschen« geworden sei. Goethes Humanität müsse als echt und edel gelten, insofern er gerade auch »in der Auffassung des Grundwesens des Judentums« seine Gerechtigkeits- und Wahrheitsliebe bewährt habe.[15]

Der Wandel im Goethe-Bild aus jüdischer Perspektive geht einher mit der Besserstellung der Juden in Preußen und im Deutschen Reich. Zudem hat der spannungsreiche Prozeß der Juden-Emanzipation, der den Völkern ja nicht einfach durch Dekret verordnet werden konnte, in Deutschland in der Epoche von 1870 bis 1900 eine weit über Goethes Radikalität hinausgehende antisemitische Literatur hervorgebracht, die Goethes damals rund 100 Jahre zurückliegende Äußerungen auch in den Augen der jüdischen literarischen Zirkel nunmehr maßvoll erscheinen ließen.

Wer ist Jude?

Als Nebenerscheinung der Juden-Emanzipation, und verstärkt noch nach der Gründung des jüdischen Nationalstaates Israel, stellte sich seit der Goethe-Zeit für die in der Diaspora lebenden Juden und für ihre Umgebung die Frage: *»Wer ist Jude?«*. Man kann sich mit dieser Frage nicht beschäftigen, ohne festzustellen, daß die Geschichte des Judentums – jedenfalls in Deutschland – eine Geschichte von Gegenläufigkeiten ist. *Willi Jasper* widmet dieser Frage, verbunden mit einem Klärungsversuch der darüberhinausgehenden Frage *»Was ist deutsch-jüdische Literatur?«*, in seinem Buch *»Deutsch-jüdischer Parnaß«* breiten Raum.

---

15 Jasper, Seite 116.

Ähnlich wie jüngst der Heidelberger Judaistik-Professor *Ronen Reichman* in der *»Frankfurter Allgemeinen Zeitung«*[16] darauf verwiesen hat, daß jüdische Identität eine (untrennbare) »Verschränkung von Religion und Nationalität« bedeute, wobei allerdings die Nationalität je nach örtlicher Verwurzelung, also für Teile des Diaspora-Judentums, mehr oder weniger austauschbar erscheint, so beantwortet auch Willi Jasper die gestellte Frage nach der jüdischen Identität nicht eindeutig, sondern mit einer Bandbreite von Erklärungsansätzen. Nur ganz am Rande erwähnt Jasper die religiösen Abstammungsregeln der Halacha, die jedenfalls bis zur Juden-Emanzipation den höchsten Verbindlichkeitsgrad aufwiesen. Während etwa der amerikanische Zeitgeschichtler *Bryan Mark Rigg* die Abstammungsregeln der jüdischen Halacha auch heute noch als unumstößlich ansieht,[17] erscheinen diese Regeln dem Literaturhistoriker Jasper – bezogen auf seinen literarischen Forschungsgegenstand – vermutlich zu orthodox. Willi Jasper erklärt darum »jüdische Identität«, seinem Fach geziemend, vorwiegend mit literarischen Beispielen. Unter anderem zitiert er *Isaac B. Singer*, der eine Figur seines Romans *»Die Familie Moschkat«* auf die Frage *»Was sind überhaupt die Juden?«* antworten läßt: »Ein Volk, das nicht schlafen kann und auch niemanden schlafen läßt.«[18]

---

16 Ganzseitiger Beitrag in der »Frankfurter Allgemeine Zeitung«, 11. März 2005, Seite 8: *»Wer ist Jude? Die Verschränkung von Nationalität und Religion …«*. In diesem Artikel fällt auf, welchen Stellenwert *Ronen Reichman* dem »ethnisch-nationalen« Judentum, also dem Ursprung der Nation aus dem Volk beimißt.

17 Bryan Mark Rigg: *»Hitlers jüdische Soldaten«*. Paderborn 2003.

18 Jasper, Seite 16

Keine antisemitischen Zuschreibungen

Willi Jasper betont zu Recht, daß es sich bei den Begriffen »jüdische Wissenschaft«, »jüdische Kritik« und »jüdische Literatur« im deutschen Raum keineswegs um antisemitische Zuschreibungen handelt. Konfliktbeladen seien diese Begriffe in der Geschichte geworden, weil sie ihr Eigenleben und ihre jeweilige Wirkmacht in der deutschen Sprache entwickelt haben. Jener kulturellen Verständigungsbrücke also, die durch die Shoa[19] – zum tiefen Bedauern *Willi Jaspers* und weiter Teile der Kulturmenschheit – 1945 ihren Universalitätsanspruch als Kultursprache eingebüßt hat.[20]

Während Willi Jaspers Sinnanalyse der Begriffe *»deutsch-jüdische Literatur«* und *»deutsch-jüdische Kultursynthese«* im einleitenden Kapitel seines Buches *»Deutsch-jüdischer Parnaß«* eher in der Theorie und an der Oberfläche verharren, weist Jasper gleich zu Beginn des Buches – schlaglichtartig – auch auf die Tiefendimension des von ihm behandelten Themas hin. Willi Jasper erwähnt in seiner Einleitung die im Jahr 1912 einsetzende, weit über dieses Jahr hinausweisende *»Kunstwart«*-Debatte, die seinem eigenen Buch den Titel *»Deutsch-jüdischer Parnaß«* gegeben hat. Dieser Titel geht zurück auf den Schriftsteller und Journalisten *Moritz Goldstein,*[21] der im März 1912 in der von *Ferdinand Avenarius* herausgegebenen »jugendbewegten« populären Kulturzeitschrift *»Der Kunstwart«* den

19 Shoa zu deutsch: Große Katastrophe.
20 Jasper, Seite 20.
21 Moritz Goldstein war ab 1918 Feuilletonredakteur der *»Vossischen Zeitung«*.

ungemein provozierenden Aufsatz *»Deutsch-jüdischer Parnaß«* veröffentlicht hat.

Zwar wird gemeinhin die These, »Juden [würden sich] anmaßen, die deutsche Literatur zu beherrschen«, mit Veröffentlichungen des preußischen Historikers *Heinrich von Treitschke*[22] oder später des völkischen Literaturhistorikers *Adolf Bartels*[23] in Verbindung gebracht. Mindestens von gleicher bewußtseins-bildender Gewalt, mit der 1880 Treitschkes Aufsatz in den *»Preußischen Jahrbüchern«*[22] im Land aufgenommen worden ist, hat aber *Moritz Goldsteins* Veröffentlichung in der März-Ausgabe des *»Kunstwart«* 1912 eingeschlagen und die Einstellung weiter Kreise Deutschlands zum Judentum nachhaltig beeinflußt. *Moritz Goldstein* schrieb in seinem Aufsatz *»Deutsch-jüdischer Parnaß«* – gerichtet an die ihm verwandten Zirkel der deutsch-jüdischen Literaturkritik *und* an das deutsche Volk:

> »Wir Juden verwalten den geistigen Besitz eines Volkes, das uns die Berechtigung und die Fähigkeit dazu abspricht«.

Ausgehend von der »seelischen Not des deutschen Juden«, nie »ganz jüdisch oder ganz deutsch zu werden«, wandte sich *Goldstein* in seinem Aufsatz von der Idee einer deutsch-

---

22 Heinrich von Treitschke: *»Ein Wort über unser Judentum«*, Veröffentlicht im 44. und 45. Band der Preußischen Jahrbücher. Separatabdruck Berlin 1880.

23 Adolf Bartels: *»Judentum und Literatur«*, Leipzig 1912. – Der Nachlaß des völkischen Literaturhistorikers Adolf Bartels ist 2004 im Dachgeschoß der Weimarer Herzogin Anna Amalia Bibliothek verbrannt. *Vgl. auch:* Adolf Bartels: *»Goethe der Deutsche«*, Frankfurt/M. 1932.

jüdischen Kultursymbiose ganz und gar ab. Stattdessen verlangte er nach einer »geistigen Organisation des Judentums« innerhalb des deutschen Kulturbereichs.[24] Damit war im deutschen »kollektiven Bewußtsein« genau jener Nerv getroffen, den schon Heinrich von Treitschke 1880 berührt hatte: Die Juden erschienen – diesmal auf kulturellem Gebiet – als »Staat im Staate«.[25] Bezeugt wurde das Phänomen von einem Nationaljuden *(Zionisten)*, der seine Botschaft über das deutsch-völkische Medium *»Kunstwart«* verbreiten ließ, weil jüdische Fachzeitschriften zuvor die Publikation abgelehnt hatten. Dieses Szenario hat einen Brand entfacht, der noch über Jahrzehnte schwelen sollte. *Moritz Goldstein* löschte den Brand nicht. Er bekräftigte sein Hoffen auf eine rein-jüdische Nationalliteratur in der Broschüre: *»Begriff und Programm einer jüdischen Nationalliteratur«* (1912). Von *Wilhelm Stapel* wissen wir, daß es *Ferdinand Avenarius* war, der damals zur Besonnenheit riet. Obwohl die Wogen im ganzen Land hochschlugen, hat der *»Kunstwart«* auf Anraten seines Herausgebers *(Avenarius)* nach dem Abdruck einzelner ausgewählter Leserbriefe die Debatte über Moritz Goldsteins Aufsatz kurzerhand abgebrochen.[26]

---

24 Jasper, Seite 12.

25 In unserem heutigen Staat benennt man neuerdings genau dieses Phänomen, bezogen z. B. auf islamische Zuwanderer, als »Parallel-« oder »Nebengesellschaften«.

26 Wilhelm Stapel: *»Antisemitismus und Antigermanismus – Über das seelische Problem der Symbiose des deutschen und des jüdischen Volkes«*, Hamburg 1928.

»Ewige Feindschaft zwischen Juden und Nichtjuden«

Gemeinsam mit Willi Jasper hat *Julius H. Schoeps* übrigens wesentliche Teile der »*Kunstwart*«-Debatte aus dem Jahr 1912 vor drei Jahren – wiederum unter dem Titel »*Deutsch-jüdischer Parnaß*« – im Philo-Verlag dokumentiert.[27] In diesem Buch ist auch die weiterführende Debatte über *Cheskel Zwi Klötzels* Aufsatz »*Das große Hassen*« aus der Zeitschrift »*Janus*« (1912/13) wiedergegeben, worin aus damaliger zionistischer Sicht die »ewige Feindschaft zwischen Judentum und Nichtjudentum« ausgelotet wird. Willi Jasper zitiert diese verdienstvolle, von ihm selbst zusammengestellte Dokumentation leider noch nicht einmal in einer Fußnote seines oben besprochenen Hauptwerks. Dabei liefert dieses Buch zur »*Kunstwart*«-Debatte[27] den eigentlichen Kontext zu seiner großen Veröffentlichung 2004.[2] Max Maurenbrecher dagegen hat diesen Kontext in seinem Buch »*Goethe und die Juden*« (1921) bis in die Zeit der Juden-Emanzipation zurückgeführt.

Willi Jaspers geübte Zurückhaltung, in seinem Hauptwerk[2] auf seine eigene frühere Veröffentlichung zur »*Kunstwart*«-Debatte[27] irgendwie inhaltlich einzugehen, wird verständlich, wenn man in seinem Hauptwerk die Einlassungen über »*Jüdische Literatur in der Moderne*« liest. Hier macht er

---

27 MENORA. Jahrbuch für deutsch-jüdische Geschichte 2002. »*Deutsch-jüdischer Parnaß. Rekonstruktion einer Debatte*«. Herausgegeben von Julius H. Schoeps, Karl E. Grözinger, Willi Jasper und Gert Mattenklott. Berlin, Wien 2002.

28 Jasper, Seite 23.

nicht nur deutlich, daß die Moderne eine exakte und widerspruchslose Abgrenzung des Jüdischen zum Deutschen praktisch nicht zuläßt. Jasper geht noch weiter: »Man spürt [in diesem Zusammenhang] die Verminung des Geländes förmlich, auf dem man sich als Literaturwissenschaftler vorsichtig und abwägend bewegt.«[28] ... Für Willi Jasper erweist sich das Verhältnis zwischen Juden und Deutschen im 19. Jahrhundert als eine Mischung aus »gehegten Hoffnungen und Träumen» sowie »Enttäuschungen und Gegnerschaften«. Wer sich damit befasse, stoße eben heute noch auf »vermintes« Gelände. Von Seiten der Geschichtswissenschaft sehe man dieses Verhältnis mittlerweile und »nicht ganz abwegig« in die historische Formel einmünden, daß die Juden-Emanzipation[29] eine politische *These* darstellte, der sich der moderne Antisemitismus als *Antithese* entgegengestellt habe. Erst im Zionismus, der Idee des jüdischen Nationalstaats, erkenne man die historische *Synthese*.[30]

»Deutsch-jüdische Symbiose« ein Mythos

Der bekannte Rundfunk-Moderator *Wolf Scheller*[31] hat Willi Jaspers Werk *»Deutsch-jüdischer Parnaß«* in der christlichen Wochenzeitung *»Rheinischer Merkur«* ausführlich besprochen.[32] Auch für Wolf Scheller stellt sich die oft beschworene »deutsch-jüdischen Symbiose« als Mythos,

29 Emanzipation hier verstanden als Streben nach einer nicht pluralen, sondern als Homogenität gedachten Symbiose zwischen Deutschen und Juden.

30 Jasper, Seite 21.

31 Wolf Scheller arbeitet für den Westdeutschen Rundfunk.

32 »Rheinischer Merkur«, Nr. 13, 25. März 2004.

als Geschichte eines großen Scheiterns dar.[33] Allerdings mangele es, sagt Scheller, »der Geschichte jüdischer Autoren in der deutschen Literatur keineswegs an Siegen und wahren Triumphen«. Scheller zitiert den jüdischen Romanautor und Literaturkritiker *Jakob Wassermann* (1873-1934), der einst bekannte, er sei »Deutscher und Jude zugleich«, und zwar »eines so sehr und so völlig wie das andere, keines ist vom anderen zu lösen«. Tief enttäuscht sei Wassermann schließlich in seiner Autobiographie *»Mein Weg als Deutscher und Jude«* 1921 zu dem Schluß gekommen:

> »Es ist vergeblich, das Volk der Dichter und Denker im Namen seiner Dichter und Denker zu beschwören ... Es ist vergeblich, das Gift zu entgiften. Sie brauchen frisches. Es ist vergeblich, für sie zu leben und für sie zu sterben. Sie sagen: Er ist ein Jude.«

Wolf Scheller zitiert *Thomas Mann,* der Jakob Wassermanns Resümee damals widersprochen hat: Wassermann, so Thomas Mann, dürfe sich nicht beklagen, da die meisten seiner Romane beim deutschen Publikum doch recht erfolgreich angekommen seien ... und das jüdische Publikum »heute in einem Maße weltbestimmend« sei, »daß der jüdische Künstler sich eigentlich geborgen und in der Welt zu Hause fühlen könnte«. Beide

---

33 In seiner im Frankfurter Suhrkamp-Verlag veröffentlichten Buchreihe *»Judaica« (Band III)* beschreibt der jüdische Philosoph Gershom Scholem das Scheitern dieser Symbiose am Beispiel *Hans Blühers. Vgl. dazu:* Hans Blüher: *»Secessio Judaica. – Philosophische Grundlegung der historischen Situation des Judentums und der antisemitischen Bewegung«*, Berlin 1922.

Einschätzungen: die des Jakob Wassermann, der seine Person für einen lebendigen Beweis der gelungenen »deutsch-jüdischen Symbiose« hielt, und Thomas Manns Annahme einer »weltbestimmenden« jüdisch-literarischen Vormacht, der sich »niemand mehr widersetzen« werde, haben sich wenig später als fatale Irrtümer erwiesen. Der paradigmatische Wandel allerdings, wie er sich in den Dreißiger- und Vierziger-Jahren schließlich vollziehen sollte, ist bezeichnenderweise von zionistischer Seite schon im Jahr 1920 klar vorausgesagt worden![34]

Wolf Scheller leitet von der Geschichte dieser Einschätzungsirrtümer über in unsere heutige, historisch-politisch vollständig gewendete Zeit. Er zitiert – genau konträr zu Jakob Wassermann – den einflußreichen Literaturkritiker und Überlebenden des »Holocaust« *Marcel Reich-Ranicki:*

> »Ich bin ein deutscher Literaturkritiker, ich schreibe in deutscher Sprache, ich gehöre zur deutschen Literatur und Kultur, aber ich bin kein Deutscher, und ich werde es nie sein ...«.[32]

---

34 Beispielsweise hielt Chaim Weizmann *(Präsident der zionistischen Weltorganisation)* 1920 in Jerusalem eine Rede *»Die Schönheit der jüdischen Renaissance«*. Hier seine damalige Prophetie: »Wir erreichten die Balfour-Deklaration *[das Versprechen einer jüdischen Heimstatt in Palästina]* nicht durch Wundertaten, sondern durch beharrliche Propaganda, durch unaufhörliche Beweise von der Lebenskraft unseres Volkes. Wir sagten den maßgebenden Persönlichkeiten: Wir werden in Palästina sein, ob ihr es wollt oder es nicht wollt. Ihr könnt unser Kommen beschleunigen oder verzögern, es ist aber besser für euch, uns mitzuhelfen, denn sonst wird sich unsere aufbauende Kraft in eine zerstörende verwandeln, die die ganze Welt in Gärung bringen wird.« *(Quelle: »Jüdische Rundschau« Nr. 4, Berlin 1920).*

Radikale Denkverbote in der Gegenwart

Dieses nationaljüdische Bekenntnis *Marcel Reich-Ranickis*[35] gibt – ähnlich wie vor 90 Jahren, als Moritz Goldstein die »Kunstwart«-Debatte anstieß – den Blick frei auf die realen Verhältnisse zwischen Deutschen und Juden: Stellen wir uns einmal vor, *Johann Wolfgang von Goethe,* wie wir ihn im vorliegenden Buch *»Goethe und die Juden«* kennenlernen, würde *Marcel Reich-Ranicki* begegnen, der sich zu seinem Beruf als (deutscher) Literaturkritiker mit nationaljüdischer Identität bekennt. Natürlich kann eine solche Begegnung nur als undurchführbarer Anachronismus gedacht werden: Käme die Begegenung aber zustande und die Antipoden Goethe und Reich-Ranicki führten einen Disput, so bedeutete dieser die Nagelproberobe dafür, ob der Prozeß der Juden-Emanzipation in den zurückliegenden 220 Jahren überhaupt einen Fortschritt gebracht hat: Es spricht nämlich einiges dafür, daß eine wirkliche Gleichstellung von Juden und Deutschen von jüdischer Seite gar nicht gewollt wird. – Ein überzogenes Diktum? Nein, keineswegs: In unserer heutigen Zeit löst schon alleine das historiographische Zitieren bzw. Dokumentieren dessen, was Goethe vor mehr als zwei Jahrhunderten über »die Juden« seiner Zeit geäußert hat, die gleichen Restriktionen und Pressionen aus, die man Goethe zuteil werden ließe, begäbe er sich in einen aktuellen Disput mit dem »Literaturpapst« unserer Tage!

Wir leben heute in einer Zeit radikaler Denkverbote. Hätte sich Willi Jasper erlaubt, in seinem Buch *»Deutsch-jüdischer*

---

35 Marcel Reich Ranicki hat sich hier zweifelsfrei nicht zu seiner religiösen, sondern zu seiner nationalen Zugehörigkeit geäußert. Denn Deutschsein gilt gemeinhin nicht als religiöse Kategorie.

Parnaß« – egal wie zurückhaltend – Goethe im Original-Wortlaut zu zitieren, wäre sein Buch mit hoher Wahrscheinlichkeit von keinem renommierten deutschen Verlag veröffentlicht worden. Keine deutsche Zeitung – mit Ausnahme einer unbedeutenden nationalistischen »Gegenpresse« – hätte Jaspers Werk besprochen. Wahrscheinlich gäbe es einen bundesweiten Anzeigenboykott, um ein bewußtes Wissen über Goethes Stellung zur Judenfrage seiner Zeit – mehr als 200 Jahre zurückliegend – zu bekämpfen und zu drangsalieren. Dem Buchautor *(Jasper)* würde es dabei wenig nützen, daß er ein verdienter Mann ist. Immerhin lehrt er seit einem Jahrzehnt an der Universität Potsdam. Genauso lange fördert er den Dialog zwischen Juden und Nichtjuden am »Moses-Mendelssohn-Zentrum für europäisch-jüdische Studien«. Derartige Verdienste erlauben es einem deutschen Literaturwissenschaftler unserer Tage aber noch lange nicht, den Olymp Goethe im *Wortlaut* zu zitieren!

Kann »Haßliebe« die Wunden heilen?

Weil die Verhältnisse zwischen Deutschen und Juden – 60 Jahre nach dem Ende des Weltkrieges und 57 Jahre nach Gründung des Nationalstaates Israel – immer noch so belastet erscheinen, flüchtet sich Willi Jasper gegen Ende seines Werkes *»Deutsch-jüdischer Parnaß«* in die Sibyllinik des 1930 geborenen jüdischen Großschriftstellers *Yoram Kaniuk*. Kaniuk genießt in Israel gegenwärtig das Ansehen eines Goethe:

> »Jeder Deutsche ist die Antwort auf die ungestellte Frage jedes Juden und umgekehrt. Zusammen bilden wir ein Rätsel, das in einem anderen Rätsel verborgen

> ist, das sich wiederum hinter einem dritten Rätsel verbirgt, und diese Haßliebe wird am Ende die Wunden heilen.«[36]

Keine Frage: Liebe vermag Wunden zu heilen! Aber Haß? Ist ein Bekenntnis zur Wahrheit, ist der offene und ehrliche Umgang mit dem geschichtlich Gewesenen nicht wesentlich heilsamer als repressiver Zwang, der die Charaktäre verbiegt und am Ende jede kulturelle Kontinuität verrät für einen kleinen Vorteil? Welche Selbstverleugnung gehört dazu, eine umgeschriebene – in ihrer Moral sozusagen »wertberichtigte« – Geschichte im nationalen Bewußtsein zu verankern, während man auf der anderen Seite fortgesetzt den seit 60 Jahren »verordneten« Ritualen der Selbstbezichtigung gegenüber der ganzen deutschen Kultur und Geschichte huldigt? Wohin entwickelt sich der *nationale Furor,* wohin der *Dämon im Menschen,* wenn bloßes Unwissen das öffentliche Bewußtsein bestimmt, weil man, wie im Fall *»Goethe und die Juden«,* die Fakten »rücksichtsvoll« beschweigt oder einfach umfälscht?

Willi Jasper ist sich dieser Fragen bewußt und neigt am Schluß seines Werkes *»Deutsch-jüdischer Parnaß«* zu einer Friedensformel, für deren Heranreifen er zwei amerikanische Literatur- und Kulturwissenschaftler *(Gilman und Zipes)* als Zeugen benennt:

> »Die jüdische Gegenwartsliteratur in Deutschland«, sagen die beiden Amerikaner, wurzele elementar in »einer Minderheiten-Kultur *(›Jewish minor culture‹)*«. Innerhalb dieser Minderheitenkultur vollziehe sich

36 Jasper, Seite 469.

> gegenwärtig ein Wandel – weg von der »vergangenen Existenzsituiation«, in der Juden als »unsichtbare Minderheit« wirkten und Einfluß nahmen, hin zu einer »sichtbaren Minderheit«.[37]

Dieser Wandel von einer Einflußnahme aus dem Verborgenen – *Wilhelm Stapel* sprach diesbezüglich einst von »jüdischer Mimikry«[26] – hin zu einer sichtbaren Wirkungsmacht, könnte künftig einen auf Wahrhaftigkeit gegründeten fruchtbaren Kulturaustausch möglich machen. Freilich bedarf es für das Nebeneinander einer Mehrzahl von mehr oder weniger fremden Kultur-Elementen immer einer Übersetzungskultur, die angewiesen ist auf ein hohes Maß an Bildung bei einer großen Zahl von teilhabenden Menschen. Bedauerlicherweise geht diese Bildungsgrundlage in unserem Land seit Jahrzehnten mehr und mehr verloren. – Zwar bietet der heute befriedete europäische Raum eigentlich einen ausgezeichneten Rahmen für eine ein größeres – europäisches – Gemeinwesen befruchtende Übersetzungskultur zwischen Völkern, Kulturen und Nationen. Dabei kann aber nicht übersehen werden, daß durch die platzgreifende Bildungsverflachung der Typus des urteilsfähigen Menschen immer mehr verschwindet, während ein schmalspuriges – halb- und ungebildtes – Spezialistentum rapide anwächst. Es ist zu erwarten, daß auf einem solchen Boden der deutsche »Literaturbetrieb«, vor allem aber unser sinnentleertes Geschichtsbild und weite Teile der heimischen Kultur wieder verstärkt einem Wechselbad fremd-hegemonialer und anschließend spontan eigen-verwandelnder Deutungsversuche und Einflüsse ausgesetzt sein werden.

Wieland Körner

---

37 Jasper, Seite 471.

Ausgewählte Literatur

◇ Reinhard Rürup: »*Emanzipation und Antisemitismus*«. Studien zur Judenfrage der bürgerlichen Gesellschaft. Göttingen 1975.

◇ Herlitz/Kirscher: *Jüdisches Lexikon*. 4 Bände. Faksimile der Ausgabe 1927. Frankfurt/M. 1987.

◇ PHILO-Lexikon. *Handbuch des jüdischen Wissens*. Faksimile der Ausgabe 1936. Frankfurt/M. 2003.

◇ MENORA. Jahrbuch für deutsch-jüdische Geschichte 2002. »*Deutsch-jüdischer Parnaß. Rekonstruktion einer Debatte*«. Herausgegeben von Julius H. Schoeps, Karl E. Grözinger, Willi Jasper und Gert Mattenklott. Berlin, Wien 2002.

◇ Wilhelm Stapel: »*Antisemitismus und Antigermanismus – Über das seelische Problem der Symbiose des deutschen und des jüdischen Volkes*«, Hamburg 1928.

◇ Hans Otto Horch: »*Auf der Suche nach der jüdischen Erzählliteratur. Die Literaturkritik der ›Allgemeinen Zeitung des Judentums‹ (1837-1922)*«. Frankfurt/M. und Bern 1985.

◇ Andreas Herzog: »*Zur Modernitätskritik und universalistischen Aspekten der ›Jüdische[n] Renaissance‹ in der deutschsprachigen Literatur zwischen Jahrhundertwende und 1918*«. Veröffentlicht in: Trans – Internet-Zeitschrift für Kulturwissenschaften. Nr. 2, November 1997.

◇ Adolf Muschg: »*Mehr Licht für ein Ärgernis. Goethe und die Juden. Eine Rede, gehalten im Goethehaus Frankfurt*«. Frankfurter Allgemeine Zeitung, 26. 09. 1987.

◇ Wilfried Barner: »*Von Rahel Varnhagen bis Friedrich Gundlof. Juden als deutsche Goethe-Verehrer.*« Herausgegeben von der Lessing-Akademie Wolfenbüttel. Göttingen 1992.

◇ Ursula Homann: »*Goethe und das Judentum*«, In: Materialdienst. Evangelischer Arbeitskreis Kirche und Israel in Hessen und Nassau. Nr. 2, April 2001.

◇ Heinrich Teweles: »*Goethe und die Juden*« (Hamburg 1925). Eine Antwort auf Max Maurenbrechers Veröffentlichung.

◇ Julius Bab: »*Goethe und die Juden*«. [1921]. Sonderausgabe der Zweimonatsschrift »Der Morgen«. Berlin 1926. (»Der Morgen«, 2. Jahrgang, 1. und 2. Heft. Und: »Die Morgen-Reihe«, 3. Schrift).

◇ Mark Waldman: »*Goethe and the Jews – A challenge to Hitlerism*«, New York, London 1934.

◇ Adolf Bartels: »*Judentum und Literatur*«, Leipzig 1912.

◇ Annette Weber (Hrsg.): »*›Außerdem waren sie ja auch Menschen‹. Goethes Begegnung mit Juden und Judentum*«, Berlin, Wien 2000.

◇ Dr. Botho Laserstein: »*Ludwig Börne - oder: Die Überwindung des Judentums*«, Wien 1931. *Laserstein befaßt sich wesentlich mit Goethe.*

◇ Joachim Prinz: »*Wir Juden. Besinnung, Rückblick, Zukunft*«. Berlin 1934. – Der zionistische Rabbiner veröffentlichte mit diesem Buch eine unvergleichlich bedingungslose Philippika gegen jegliche Assimilation der Juden. Nach 1933 wurde Joachim Prinz mehrfach von der Gestapo verhaftet und schließlich aus Deutschland ausgewiesen. Im Juli 1937 emigrierte er in die USA. Dort wurde er aktiv in der Bürgerrechtsbewegung und als stellvertretender Vorsitzender des Jüdischen Weltkongresses.

Die Verfasser

Dr. Max Maurenbrecher wurde am 17. Juli 1874 in Königsberg in Ostpreußen geboren. Er starb am 30. April 1930 bei Arnstadt in Thüringen. Max Maurenbrecher ist der Sohn des Ranke-Schülers Professor Wilhelm Maurenbrecher (1838-1892), der von einem streng protestantischen Standpunkt her vielbeachtete historische Studien über Karl V., die Reformationszeit, die preußische Kirchenpolitik und die Gründung des Deutschen Reiches hinterließ. Max Maurenbrecher hat, wie Friedrich Naumann, mit dem ihn eine nicht unwesentliche politische Wegstrecke verbindet, Staatswissenschaften studiert und im Fach Theologie promoviert. Ab 1899 bis 1903 wirkte Maurenbrecher als Redakteur an der von Friedrich Naumann 1895 gegründeten national-sozialen Wochenschrift »Die Hilfe«.

Ab 1900 war Maurenbrecher Generalsekretär der – nach heutiger ideengeschichtlicher Zuordnung links-liberalen – Nationalsozialen Vereinigung. Nach deren Auflösung 1903 wechselte er zur Sozialdemokratie über, wo er bis 1913 verblieb um die sozialdemokratischen Massen »zum nationalen Staat zurückzuführen«. Er warb für einen »Sozialismus der gebildeten Schichten«. Im Gegensatz zur christlichen Linie Adolf Stoeckers vertraten Friedrich Naumann* und Max Maurenbrecher den nationalen Gedanken. In ihrer Rhetorik und Publizistik versuchten sie die Arbeiterschaft mit dem bestehenden Staat (der Monarchie) zu versöhnen. Zugleich forderten sie ein soziales Kaisertum. 1907 trat Max Maurenbrecher aus der Kirche aus. Bis 1916 wirkte er als Sprecher der Freidenker in Nürnberg sowie des Deutschen Monistenbundes; später als Prediger der Freireligiösen

---

* Nach dem Herausgeber der national-sozialen Zeitschrift »Die Hilfe«, Friedrich Naumann, leitet sich der Name der heutigen (FDP-nahen) Friedrich-Naumann-Stiftung her.

Gemeinden in Mannheim. Wegen der »unnationalen Haltung« der SPD in außen- und militärpolitischen Fragen verließ Maurenbrecher 1913 die SPD. Noch während des Weltkrieges wandte er sich 1917 der Vaterlandspartei zu. Ebenfalls 1917 schloß er sich wieder der evangelischen Kirche an. 1918 bis 1924 war er Mitglied der Deutschnationalen Volkspartei. Für diese 1918 bis 1920 Abgeordneter. 1919 bis 1920 wirkte er als reformierter Pfarrer in Dresden. Hier gab er 1920 und wiederum 1924 die Zeitschrift »Glaube und Deutschtum« heraus. 1920 entstand in Dresden die im vorliegenden Band dokumentierte Schrift »**Goethe und die Juden**«. An der Entstehung des Buchmanuskriptes hat ein größerer Kreis von Goethe-Kundigen mitgewirkt. Das Werk erschien zunächst 1920 in Teillieferungen und schließlich komplett 1921 im Münchner Deutschen Volksverlag *(Dr. Ernst Boepple)*. Ebenfalls im Jahr 1920 übernahm Maurenbrecher die Schriftleitung der »Deutschen Zeitung« in Berlin, die er bis 1924 innehatte. Wegen seines Eintretens für die Deutsch-völkische Freiheitsbewegung *(v. Graefe)*, einer Abspaltung aus der Gründungszeit der NSDAP, wurde Maurenbrecher schließlich 1924 aus der Deutschnationalen Volkspartei, dem großen nationalen Sammelbecken aus Deutschkonservativen, Freikonservativen und Christlichsozialen, ausgeschlossen. Danach wirkte er als Pfarrer in Thüringen.

Die Hauptwerke Max Maurenbrechers sind: *»Thomas von Aquinos Stellung zum Wirtschaftsleben seiner Zeit« (1898), »Die Sozialdemokratie und die Gebildeten« (1904), »Die Hohenzollern-Legende« (1905/06), »Von Nazareth nach Golgatha« (1909), »Von Jerusalem nach Rom« (1910), »Neue Staatsgesinnung« (1916), »Die Taktik der Parteien« (1920 und 1924), »Der völkische Geschichtsunterricht. Lehrplan-Entwurf« (1925), »Über Nietzsche zum deutschen Evangelium« (1925/26), »Der Heiland der Deutschen« (1930) sowie »Glaube und Deutschtum. Predigten und Vorträge« (1920 ff.).*

Dr. Franz Koch war Germanist und als solcher 1935 Ordinarius in Berlin. Geboren am 21. März 1888 in Attnang in Österreich. 1936 im Beirat der *Forschungsabteilung Judenfrage* im *Reichsinstitut für Geschichte des neuen Deutschland.* Aufgrund seines hier vorliegenden, durchaus differenzierten Referats »Goethe und die Juden«, gilt Koch in der NS-Bewältigungsliteratur als belastet. *(Ernst Klee).* Im Internet führt man Koch in Listen spezifisch »österreichischer Täter«. Nach 1945 Ruhestand in Tübingen. Franz Koch starb am 26. Dezember 1969 in Linz.

Faksimile-Dokumentation:

Dr. Max Maurenbrecher

»Goethe und die Juden«

München 1921

Deutschlands führende Männer
und das Judentum

Goethe
und die Juden

von Dr. Max Maurenbrecher

Deutscher Volksverlag
München

Deutschlands führende Männer
und das Judentum

Band III

Goethe und die Juden

Eine Zusammenstellung
von
Max Maurenbrecher

Deutscher Volksverlag Dr. Ernst Boepple
München 1921

Goethe über das Judentum.

I.

1. Vorbemerkungen.

Schon in der allgemeinen Ankündigung der Vortragssammlung Glaube und Deutschtum war gesagt worden, daß hier versucht werden soll, die großen Grundgedanken unseres klassischen Idealismus für die Gegenwart neu herauszuarbeiten und fruchtbar zu machen. Dabei ist freilich vorauszusetzen, daß diese Grundgedanken in Wirklichkeit meist sehr anders gewesen sind, als unsere heutige Tagesweisheit sich träumen läßt. Es ist kaum eine größere Verkennung, ja, ich möchte ruhig sagen: Verschandelung denkbar, als wie sie der echte wirkliche Weimarer Geist in den Festreden unserer Revolutionsparteien oder in den Grundbestimmungen der Weimarer Verfassung erlitten hat. Darum ist Aufklärung über das, was unsere Großen wirklich gewollt haben, unumgängliche Voraussetzung dafür, daß wir aus ihren Gedanken Maßstab und Richtpunkt für unseren Wiederaufbau gewinnen.

Was Fichte, der Redner an die deutsche Nation, der Urvater und Schwurzeuge aller Sozialisten und Demokraten des 19. Jahrhunderts, wirklich gewollt hat, wie seine straffe herbe Zucht all ihrem Treiben in Wahrheit schnurstracks entgegensteht, haben wir kürzlich wenigstens in einem schnellen Ueberblick uns vergegenwärtigt, nähere Ausführungen darüber für später vorbehaltend.*) Heute beginnen wir, zunächst in einer Einzelfrage, Goethes Gedanken über Volkstum und Staat zu entwickeln.

---

*) Siehe Max Maurenbrecher, Glaube und Deutschtum, 1. Jahrgang, Heft 8 („Züchtung zum Volkstum. Fichte und wir“). Einzelpreis 1 Mark. Verlag Glaube und Deutschtum. Dresden-A., Nürnberger Straße 42.

— 2 —

Daß Goethe für die Besonderheiten der einzelnen Volkstümer und für die Notwendigkeiten des staatlichen Lebens keinen Blick gehabt habe, daß er als der „Olympier" hoch über all diesen irdischen Einzelfragen geschwebt und nur im Ewigen oder Allgemein-Menschlichen gelebt habe, daß er für Deutschland der eigentliche Apostel einer Menschheitskultur statt einer völkischen Ausprägung seiner Sonderart gewesen sei, ist ein Vorurteil, das man heute nicht nur bei Juden und Demokraten, sondern auch bei Fachgelehrten der Geschichte des deutschen Schrifttums zu hören vermag. Um dieses Vorurteil zunächst einmal an einer einzelnen Stelle zu durchbrechen, stellen wir in diesem und den folgenden Heften Goethes Aussprüche über das Judentum und die Judenfrage ausführlich zusammen.

An der Stellung, die einer heute zur Judenfrage in Deutschland einnimmt, entscheidet sich praktisch am stärksten, wie er zu Volkstum und völkischer Selbstzucht überhaupt steht. Ohne die Vergiftung unserer Arbeiterbewegung durch ihre jüdischen Führer, und ohne die Zersetzung unseres Bürgertums durch jüdischen Geist in Presse, Schrifttum und Bühne, und durch jüdisches Kapital in Banken, Börsen und ebenfalls wieder in der Presse und in den politischen Parteien — ohne diese Vergiftung und Zersetzung im eigenen Inneren wären wir dem Ansturm der Feinde im Weltkrieg nicht unterlegen! Nicht durch Waffen sind wir besiegt worden; wir haben angesichts der feindlichen Umklammerung uns selber zerfleischt: „Ajax fiel durch Ajax' Kraft". Wollen wir je auch nur den Gedanken an eine Wiederauferstehung deutscher Art und Kraft zu denken wagen, so ist die Entgiftung des deutschen Volkes von jüdischem Geist, Blut und Geld dazu die erste Vorbedingung. Darin liegt die dringende Bedeutung, die Goethes Stellung gerade zur Judenfrage heute für uns hat.

Denn das ist das Merkwürdige, daß Goethe diese Einwirkung des Judentums auf unser Volkstum vorausgesagt hat! Er hat nicht nur vom Anfang bis zum Ende seines Lebens das Judentum als ein besonderes eigengeartetes Volkstum empfunden. Er hat auch gewußt, daß dieses Volk jedes andere Volk und jeden Staat notwendig zersetzt, in dessen Mitte es eine Heimat findet. Er hat in der zweiten Hälfte seines Lebens jedem einzelnen Schritt der sogenannten Juden-Emanzipation widersprochen, hat bei jedem Gesetz, das den Juden die staatsbürgerliche Gleichberechtigung mit den anderen „Konfessionen" verlieh, die böse Wirkung vorausgesagt, hat gelegentlich in leidenschaftlicher Erbitterung getobt, gelegentlich mit mildem oder beißendem Spott die Entwicklung verfolgt. Er hat, einflußlos, wie er dem öffentlichen Leben gegenüber war, die Entwicklung nicht aufhalten können. Aber es ist wichtig, daß wir heute, wo wir in den Abgrund gestürzt sind, wenigstens nachträglich erkennen, daß wir gewarnt waren, daß Deutschlands umfassendster und klarstblickender Geist dieses Unheil vorausgesehen hat.

So ist der Zweck dieser Zusammenstellung zunächst rein geschichtlicher und darstellender Art. Wir wollen wissen, was Goethe über Judentum und Juden-Emanzipation tatsächlich gedacht hat. Gegenüber aller teils interessierten, teils gedankenlosen Verdunkelung, die auch die Fachgelehrten gerade über diesen Gegenstand verbreitet haben, wollen wir der deutschen Nation dazu verhelfen, auf diesem Punkte wenigstens nachträglich die Wahrheit zu sehen, wie sie tatsächlich war. Ob dann der Einzelne für sich Goethes Beobachtungen und Urteile annehmen und daraus für das Staatsleben die Folgerungen ziehen will, mag seiner persönlichen Entscheidung überlassen bleiben.

Ich leugne aber nicht, daß gerade auch in sachlicher Beziehung Goethes Urteile mir wertvoll zu sein scheinen. Er hat das jüdische Volkstum als solches niemals geschmäht, hat seine Zähigkeit, Kraft und Hingabe stets anerkannt, hat es uns oft als Vorbild hingestellt, hat insonderheit die hohe Bedeutung des Alten Testamentes richtig gewürdigt. Insofern kann er auch für den Antisemiten der Gegenwart eine Warnung sein, daß er nicht mit Mätzchen und Veralberungen den klaren Ernst der schweren Frage trübe. Nur wem in gewissem Sinne die

— 4 —

geschichtliche Kraft und Leistung des Judentums ehrwürdig ist, nur der kann die Fruchtbarkeit dieses Volkstums in seiner Wirkung auf unser Volkstum richtig ermessen.

Noch ein Wort über die Auswahl der Stellen. Ich bin wohl Goethe-Liebhaber und Goethe-Leser, aber nicht Goethe-Fachgelehrter. Ich bin auf Goethes Stellung zum Judentum erstmals aufmerksam geworden durch Houston Steward Chamberlains schönes eigengeschautes und tiefes Buch über Goethe.*) Von da aus habe ich selbständig weitergesucht. Nach einer Dresdner Vortragsreihe von mir über „Goethes Stellung zu Volkstum und Religion", wo ich drei Abende auch über Goethes Stellung zum Judentum gesprochen hatte, haben Freunde und Gegner mich auf weitere Stellen hingewiesen; anderes hat mir dann noch der Zufall in die Hände gespielt. So ist die folgende Sammlung zusammengekommen.

Ich erhebe nicht den Anspruch, daß sie vollständig sei. Das Meer der Gespräche, Briefe, Schriften und Entwürfe von Goethe ist vielleicht auch für den Fachgelehrten, sicher aber für den, der nur Liebhaber ist, völlig unübersehbar. Ich nenne jede Stelle, die ich kenne oder von der ich erfahren habe. Ich möchte, soweit ich kann, Vollständigkeit des Stoffes anstreben, und habe schon heute eine sehr viel größere Zahl von Stellen zusammengetragen als sie in Zeitlers Goethe-Handbuch unter dem Stichwort Judentum zusammengetragen sind. Aber ich bitte jeden Leser, namentlich die Fachgelehrten und Sonderforscher über Goethe, mit mir weiter zu suchen und mir alle Stellen mitzuteilen, die ich etwa noch übersehen haben sollte; ich werde alles, was ich noch nachgewiesen erhalte, in einem Nachtrag zu dieser Sammlung zusammenstellen, so daß sie damit auch für die Fachwissenschaft einige Bedeutung erhalten.

Die Reihenfolge, in der ich die Stellen ordne, soll im wesentlichen die geschichtliche sein, mit den Jugend-Ein-

*) H. St. Chamberlain, Goethe. Verlag von F. Bruckmann A.-G., München 1912. S. 688—697.

drücken beginnend und mit der Altersweisheit schließend. Am Schluß versuche ich dann, eine sachlich geordnete Zusammenstellung von Goethes Gedanken zu geben. Goethes Worte werden durchgängig angeführt nach der Cottaischen Jubiläumsausgabe in 40 Bänden, gelegentlich nach anderen Quellen, die dann jedesmal deutlich bezeichnet sind.

2. Jugendeindrücke.

Goethes Kenntnis vom Judentum geht bis in seine Kindheit zurück. Aus der Frankfurter Judengemeinde gewann er seine ersten Eindrücke über Lebensart, Sprache und Wert dieses Volkstums. Es ist ihm von da her eine unverlierbare Erkenntnis geblieben, daß es trotz der deutschen Sprache eben doch ein eigenes, von uns Deutschen sich scharf abhebendes Volkstum ist. Wir drucken zunächst ab, was er im Vierten Buch von Dichtung und Wahrheit, also etwa als Fünfundsechzigjähriger, über die Eindrücke sagt, die er etwa als Zehn- bis Vierzehnjähriger in der Frankfurter „Judenstadt" gewann. (J. A. 22, 175—176.)

„Zu den ahnungsvollen Dingen, die den Knaben und auch wohl den Jüngling bedrängten, gehörte besonders der Zustand der Judenstadt, eigentlich die Judengasse genannt, weil sie kaum aus etwas mehr als einer einzigen Straße besteht, welche in früheren Zeiten zwischen Stadtmauer und Graben wie in einen Zwinger mochte eingeklemmt worden sein. Die Enge, der Schmutz, das Gewimmel, der Akzent einer unerfreulichen Sprache, alles zusammen machte den unangenehmsten Eindruck, wenn man auch nur am Tore vorbeigehend hineinsah. Es dauerte lange, bis ich allein mich hineinwagte, und ich kehrte nicht leicht wieder dahin zurück, wenn ich einmal den Zudringlichkeiten so vieler, etwas zu schachern unermüdet fordernder oder anbietender Menschen entgangen war. Dabei schwebten die alten Märchen von Grausamkeit der Juden gegen die Christenkinder, die wir in Gottfrieds „Chronik" gräßlich abgebildet gesehen, düster vor dem jungen Gemüt. Und ob

— 6 —

man gleich in der neueren Zeit besser von ihnen dachte, so zeugte doch das große Spott- und Schandgemälde, welches unter dem Brückenturm an einer Bogenwand, zu ihrem Unglimpf, noch ziemlich zu sehen war, außerordentlich gegen sie: denn es war nicht etwa durch einen Privatmutwillen, sondern aus öffentlicher Anstalt verfertigt worden.

Indessen blieben sie doch das auserwählte Volk Gottes und gingen, wie es nun mochte gekommen sein, zum Andenken der ältesten Zeiten umher. Außerdem waren sie ja auch Menschen, tätig, gefällig, und selbst dem Eigensinn, womit sie an ihren Gebräuchen hingen, konnte man seine Achtung nicht versagen. Ueberdies waren die Mädchen hübsch und mochten es wohl leiden, wenn ein Christenknabe, ihnen am Sabbat auf dem Fischerfelde begegnend, sich freundlich und aufmerksam bewies. Aeußerst neugierig war ich daher, ihre Zeremonien kennen zu lernen. Ich ließ nicht ab, bis ich ihre Schule öfters besucht, einer Beschneidung, einer Hochzeit beigewohnt und von dem Laubhüttenfest mir ein Bild gemacht hatte. Ueberall war ich wohl aufgenommen, gut bewirtet und zur Wiederkehr eingeladen: denn es waren Personen von Einfluß, die mich entweder hinführten oder empfahlen."

Goethes Beziehungen zur Frankfurter Judenheit müssen danach ziemlich vertraute und rege gewesen sein. Das Beiwohnen bei einer Beschneidung ist sonst jedem Andersgläubigen strengstens verboten. Sein Gefühl war ein merkwürdiges Gemisch von Achtung, Ehrfurcht, Grauen und Spott. Er sieht in ihnen die Nachfahren der heiligen Männer der Biblischen Geschichte, achtet die Treue zur von den Vätern überkommenen völkischen Sitte, die Freundlichkeit, Tätigkeit, Gefälligkeit, mit der sie dem fremden Christenknaben entgegenkamen, aber verspottet ihr Schachern, ihre Enge, ihren Schmutz, ihre unerfreuliche Sprache. Leise klingen die alten Volkserzählungen von Grausamkeiten der Juden gegen die Christenkinder noch nach. Im ganzen betrachtet er sie neugierig, wie er eben auf alles Außergewöhnliche aus war, aber mit dem deutlichen Gefühl, daß sie etwas Anderes, ihm Fremdartiges sind. Die humane Erwägung, daß auch sie Menschen seien, spielt nur obenhin auch mit hinein.

Eine andere Stelle aus Dichtung und Wahrheit zeigt, daß er in seiner Kindheit den Juden durchaus auch mit Ehrfurcht zu betrachten verstand. In dem Kindermärchen „Der neue Paris" heißt es von dem Torhüter im Feengarten: „... ein Mann, dessen Kleidung etwas Langes, Weites und Sonderbares hatte. Auch ein ehrwürdiger Bart umwölkte sein Kinn; daher ich ihn für einen Juden zu halten geneigt war". Es müssen ihm in der Judenstadt also auch solche Gestalten begegnet sein. (J. A. 22, 59.)

An anderer Stelle wieder zeigt sich, wie er sich über die eigenartige Sprache, das Judendeutsch, lustig zu machen wußte. Er erzählt da von seinen Sprachstudien, wie er, um sich die Langeweile der Grammatik und der Uebungsbücher etwas zu verkürzen, ein Briefspiel erdichtete von sieben jungen Leuten, die sich gegenseitig ihre Erlebnisse schrieben: in Hochdeutsch, Frauenzimmerdeutsch, Latein und Griechisch, Englisch, Französisch, Italienisch; „der Jüngste, eine Art von Nestquakelchen, hatte, da ihm die übrigen Sprachen abgeschnitten waren, sich aufs Judendeutsch gelegt und brachte durch seine schrecklichen Chiffern die übrigen in Verzweiflung und die Eltern über den guten Einfall zum Lachen". (J. A. 22, 144.)

3. Judenpredigt.

Wie flüssig Goethe das Judendeutsch zu handhaben verstand, zeigt eine Judenpredigt, die in einer Handschrift enthalten ist, die man in Leipzig fand, und die „vielleicht erst seiner dortigen Studienzeit" angehört (J. A. Band 22, Seite 279—280). Ob es eine Spottdichtung ist, mit der Goethe jüdische Predigten, die er gehört hat, übertreibend nachäfft, oder ob es Niederschrift einer wirklich gehaltenen Predigt eines Juden ist, ist wohl nicht mehr festzustellen. Der innere Eindruck mag für das erstere sprechen.

„Sagen de Goyen, wer hätten kä König, kä Käser, kä Zepter, kä Kron'; do will ich äch aber beweise, daß ge-

— 8 —

schrieben stäht: daß wer haben äh König, äh Käser, äh Zepter, äh Kron'. Aber wo haben wir denn unsern Käser? Das will ich äch och sage. Do drüben über de grose grause rote Meer. Und do wäre dreimal hunnerttausend Johr vergange sei, do werd' äh groser Mann, mit Stiefle und Spore grad' aus, sporenstrechs gegange komme übers grose grause rote Meer, und werd in der Hand habe äh Horn, und was denn vor äh Horn? Aeh Düt-Horn. Und wenn der werd ins Horn düte, do wären alle Jüdlich, die in hunnerttausend Johr gepöckert sind, die wären alle gegange komme ans grose grause rote Meer. No', was sogt ehr dozu? Un was äh gros Wonner sei werd, das will ich äch och sage: Er werd geritte komme of äh grose schneeweise Schimmel; un was äh Wonner, wenn dreimal hunnert un neunneunzig tausend Jüdlich wäre of den Schimmel sitze, do wären se alle Platz habe; un wenn äh enziger Goye sich werd ach drof setze wolle, do werd äh kenen Platz finne. No, was sogt ehr dozu? Aber was noch ver äh groser Wonner sei werd, das will ich äch och sage: Un wenn de Jüdlich alle wäre of de Schimmel sitze, do werd der Schimmel kertzegerode sein grose, grose Wätel ausstrecke, do wären de Goye denken: kennen wer nich of de Schimmel, setze wer uns of de Wätel. Un denn wäre sich alle of de Wätel nuf hocke. Un wenn se alle draf setzen, und der grose schneeweise Schimmel werd gegange komme dorchs grause rote Meer zorick, do werdd äh de Wätel falle lasse, und de Goye werde alle ronder falle ins grose grause rote Meer. No, was sogt ehr dozu?"

Mag diese Predigt ein Goethescher Scherz oder einer wirklich gehörten Predigt nachgebildet sein, immer läßt auch sie erkennen, daß der Verfasser am Judentum zweierlei deutlich erkannt hat: ihren Willen, ein eigenes Volk, nicht nur eine eigene Religionsgemeinde zu bleiben, und ihren Haß oder besser ihre Rachsucht gegen die Wirtsvölker, in deren Bereiche sie wohnen. Diese Erkenntnisse sind schon dem jungen Goethe deutlich gewesen, und auch der alte hat sie bis ans Ende des Lebens in einer gänzlich geänderten Welt festgehalten.

— 9 —

4. Das Alte Testament.

Schon die Ausführungen über den Eindruck der Frankfurter Judenstadt auf den heranwachsenden Knaben zeigten, wie bei allem Grauen, das ihm die Fremdartigkeit dieses Volkes erregte, er zugleich doch ein Gefühl der Ehrfurcht hatte: sie waren das Volk der Verheißung; sie gingen noch heute als lebende Zeichen der ältesten Zeiten einher. Diese Gefühle wurden vertieft und mit der dem lebenden Volke der Gegenwart entgegengebrachten geringeren Achtung eigenartig erwoben durch die eingehendere Beschäftigung mit dem Alten Testament, zu dem seine Teilnahme am Judendeutsch ihn führte. „Indem ich mir das barocke Judendeutsch zuzueignen und es ebenso gut zu schreiben suchte, als ich es lesen konnte, fand ich bald, daß mir die Kenntnis des Hebräischen fehlte, woran sich das moderne verdorbene und verzerrte allein ableiten und mit einiger Sicherheit behandeln ließ." (Dichtung und Wahrheit IV. J. A. 22, 145.) Der hebräische Unterricht, der längere Zeit hindurch mit täglich einer Stunde gegeben wurde, also sehr rasche Fortschritte ermöglichte, führte zu einer schärferen Beschäftigung mit der wissenschaftlichen Auslegung des Alten Testamentes, so wie man sie damals kannte und trieb, und diese wieder, wie das Goethes Art war, zu einer freien dichterischen Nachschöpfung des Inhaltes des ersten Buches der Bibel.

Im vierten Buche von Dichtung und Wahrheit (J. A. 22, 150 bis 168) gibt er einen Abriß der Urgeschichte und der Erzväter-Geschichte, wie diese sich ihm etwa in seinem fünfzehnten Lebensjahre dargestellt haben mögen, und wie er sie damals auf Klopstocks Spuren in einem großen Gedicht „Josef" verarbeitet hatte: seine Darstellung kann noch heute jedem, der über diese Dinge Kinder zu unterrichten hat, nur dringend empfohlen werden! „Die Widersprüche der Ueberlieferung mit dem Wirklichen und Möglichen", „Die Unwahrscheinlichkeiten und Inkongruenzen" werden nicht verdeckt, aber auch nicht als das Wesentliche in den Vordergrund geschoben. (149.) Das Wesentliche ist, daß er hier in Form einer Familiengeschichte sinnbildlich tiefste Erkenntnisse über das Wesen des Menschen und der Menschheit ausgesprochen findet: „Hier, im Paradiese, sollte der Mensch seine ersten Fähigkeiten entwickeln, und hier sollte ihn zugleich das Los treffen, das seiner ganzen Nachkommenschaft beschieden war, seine Ruhe zu verlieren, indem er nach Erkenntnis strebte.“ Rückblickend darauf heißt es dann beim Turmbau von Babel: „Sie sollten nicht zugleich glücklich und klug, zahlreich und einig sein. Die Elohim verwirrten sie, der Bau unterblieb, die Menschen zerstreuten sich; die Welt war bevölkert, aber entzweit.“ (151 und 152.)

In diesem knappen Satze ist die innere Tragik der Menschheit auf einen vollendeten Ausdruck gebracht. Der Drang nach Erkenntnis ist dem Menschen ebenso eingeboren wie der Drang nach Glück. Aber es wird Erkenntnis immer nur im Leid und in der Schuld gewonnen, also im Gegensatz zum Glück. Und ebenso: Der Drang nach Einheit des ganzen Menschengeschlechtes bewegt die Geschichte; aber er hat die Bestimmung in sich, nie zu seiner Vollendung zu kommen. Die Sonderart der Völker und Staaten bleibt als Grundgesetz ihres Wesens ewig bestehen. Ewig führt der Lebensdrang die einzelnen Volkstümer gegeneinander, ewig bleibt die Entzweiung und damit der Krieg, zu mindest der Gegensatz der Nationen und Rassen. Goethe, der „Humanist“, findet diesen Ursatz aller Geschichte schon in der Geschichte vom Turmbau zu Babel bezeugt!

Den Uebergang zur Stammväter-Geschichte des jüdischen Volkes gewinnt er durch den Satz: „Endlich geht abermals ein Stammvater von hier aus, der so glücklich ist, seinen Nachkommen einen entschiedenen Charakter aufzuprägen und sie dadurch für ewige Zeiten zu einer großen und bei allem Glücks- und Ortswechsel zusammenhaltenden Nation zu vereinigen“ (152). Volkstum ist Schöpfung großer Führer-Persönlichkeiten, nicht unbewußtes Werk der Natur. Und das jüdische Volkstum ist „für ewige Zeiten“ ein besonderes eigengeartetes Gebilde, dem es nicht gegeben ist, in anderen Volkstümern aufzugehen oder sich mit ihnen zu einer neuen Schöpfung zu vermischen!

Nun folgt eine breite Darstellung der Abraham-Geschichten mit besonderer Hervorhebung der Reinheit ihrer

— 11 —

Hirtenreligion: „Ihre Lebensweise auf dem Meere der Wüsten und Weiden gab ihren Gesinnungen Breite und Freiheit, das Gewölbe des Himmels, unter dem sie wohnten, mit allen seinen nächtlichen Sternen ihren Gefühlen Erhabenheit, und sie bedurften mehr als der tätige gewandte Jäger, mehr als der sichere, sorgfältige, hausbewohnende Ackersmann des unerschütterlichen Glaubens, daß ein Gott ihnen zur Seite ziehe, daß er sie besuche, an ihnen Anteil nehme, sie führe und rette“ (158). — Aber „wunderbar und ahnungsvoll“ geht durch jene schöne Welt auch ein anderer schrecklicher Zug, daß alles, was geweiht, was verlobt war, sterben mußte“ (159): Dieser Satz leitet zugleich zur Geschichte von Isaaks Opferung über.

Sehr richtig und bezeichnend ist dann der Uebergang zur Jakob-Geschichte. „Nun, zum erstenmal in einer so edlen Familie, erscheint ein Glied, das kein Bedenken trägt, durch Klugheit und List die Vorteile zu erlangen, welche Natur und Zustände ihm versagten. Es ist oft genug bemerkt und ausgesprochen worden, daß die heiligen Schriften uns jene Erzväter und andere von Gott begünstigte Männer keineswegs als Tugendbilder aufstellen wollen. Auch sie sind Menschen von den verschiedensten Charakteren, mit mancherlei Mängeln und Gebrechen. Aber eine Haupteigenschaft darf solchen Männern nach dem Herzen Gottes nicht fehlen: es ist der unerschütterliche Glaube, daß Gott sich ihrer und der Ihrigen besonders annehme“ (161) — ein Satz, der allein schon alle die Bedenken niederschlägt, die von hier aus gegen die Verwendung alttestamentlicher Stoffe in unserem Jugendunterricht erhoben worden sind. Der Lehrer ist durchaus nicht gebunden, Jakobs Betrügereien und Uebervorteilungen als Tugenden erscheinen lassen zu müssen. Er kann sie durchaus als das bezeichnen, was sie sind, wenn er nur gleichzeitig schildert, was ja die Erziehung selbst auch als das Wesentliche betrachtet, daß er durch Schuld und Leid geläutert wird. Ein wirklicher Religionsunterricht kann in der Anerkennung der Schwächen seiner Helden sehr viel ehrlicher sein, als ein blasser „Moralunterricht“, der nur blutleere Tugend-Vorbilder kennt!

In der weiteren Darstellung der Jakob=Geschichte heißt es dann: „Und wenn er durch List und Betrug unsere Neigung nicht erworben hat, so gewinnt er sie durch die dauernde und unverbrüchliche Liebe zu Rahel" (162). Später, bei dem Kunststück mit Labans Herden, wird wieder davon geredet, wie er seinen Vorteil zu wahren weiß, „und wird auch von dieser Seite her der wahrhaft würdige Stammvater des Volkes Israel und ein Musterbild für seine Nachkommen" (163). In diesem Satze zeigt sich, wie Achtung vor der Bibel und klare Erkenntnis des Unangenehmen im jüdischen Volkstum durchaus nebeneinander nicht nur bestehen, sondern auch im Jugendunterricht vertreten werden können.

5. Jesus Christus.

Neben diese ausführliche Besprechung der Anfangsgeschichten des Alten Testamentes stellen wir eine Darstellung aus etwas späterer Zeit, aber auch noch Goethes Jugend angehörig: „Zwei wichtige, bisher unerörterte biblische Fragen" aus dem Jahre 1773. Hier spricht er nochmals und schärfer als in dem milden Altersstil von Dichtung und Wahrheit seine Beurteilung des menschlichen Wertes des jüdischen Volkstums aus, zugleich dem Einwurf vorbeugend, daß doch auch Jesus Christus diesem Volkstum entsprossen sei:

„Das jüdische Volk seh' ich für einen wilden unfruchtbaren Stamm an, der in einem Kreis von wilden unfruchtbaren Bäumen stand. Auf den pflanzte der ewige Gärtner das edle Reis Jesum Christum, daß es, darauf bekleibend, des Stammes Natur veredelte, und von dannen Pfropfreiser zur Befruchtung aller übrigen Bäume geholt würden.

Die Geschichte und Lehre dieses Volkes von seinem ersten Keime bis zur Pfropfung ist allerdings partikular, und das wenige Universelle, das etwa in Rücksicht der zukünftigen großen Handlung mit ihm mochte vorgegangen sein, ist schwer und vielleicht unnötig aufzusuchen.

Von der Pfropfung an wendet sich die ganze Sache. Lehre und Geschichte werden universell. Und obgleich jeder von daher veredelte Baum seine Spezialgeschichte und nach Beschaffenheit der Umstände seine Speziallehre hat, so ist doch meine Meinung: hier sei so wenig Partikulares als dort Universelles zu vermuten und zu deuten."

Also: Das Judentum an sich ist ein Volkstum wie jedes andere auch. Es hat keine allgemein-menschliche, vorbildliche Bedeutung — etwa wie der spätere Goethe solche dem Griechentum zuerkennt. Daß Jesus aus dem jüdischen Volke hervorging, ist für sein eigenes Wesen sowohl wie für seine geschichtliche Bedeutung völlig gleichgültig geblieben. Sein Wesen war allgemein-menschlicher Art; sein Ursprung ruhte in einem neuen göttlichen Anfang. Seine Bestimmung war, ein Veredelungstrieb für alle Volkstümer zu sein, nicht indem er sie vereinerleite und ihnen ihre Besonderheit nahm, sondern indem er von jedem Volke dessen Art entsprechend verarbeitet wurde, jedes Volkstum aber, das ihn in sich hineinarbeitete, auf eine höhere Stufe der Veredelung, aber der Veredelung seiner eigenen völkischen, ihm ursprünglich angeborenen Anlagen hob.

Man bemerke, wie fest schon der 24jährige Goethe die Grundauffassung sich erworben hat, die er später in dem „Daimon" der Urworte Orghisch versinnbildlicht hat: Daß auch jedes Volk eine feste, ihrer Art nach unwandelbare. nur in ihrer Veredelung steigerungsfähige Anlage hat. Man bemerke zugleich, in wie feiner, neuzeitlicher Naturwissenschaft abgelauschter Weise die neutestamentliche Lehre von der übernatürlichen Erzeugung Jesus hier verinnerlicht und damit verdeutlicht wird.

Man bemerke aber auch — und das ist für spätere Betrachtungen wichtig —, wie über das Judentum das Urteil gefällt wird, daß es ein wilder, unfruchtbarer Stamm gewesen ist. Menschheitswert hat es erst durch das und nur insoweit erhalten, wozu es durch Jesus veredelt wurde. Das Judentum also, das die Veredelung durch Jesus mit Bewußtsein abgelehnt hat, ist auch nachher ein unfruchtbarer Stamm geblieben. — Und mit diesem allein haben wir es ja in der Judenfrage zu tun!

— 14 —

6. Gedichte eines polnischen Juden.

In ungefähr dieselbe Zeit, wie das eben genannte Stück, fallen einige Aeußerungen über das Auftreten des Juden im deutschen Schrifttum. Es ist wichtig, zu sehen, wie Goethe die Eigenart jüdisch-deutscher Schriftstellerei von Anfang an deutlich erkannt hat.

Zunächst ist hier eine Abhandlung in den „Frankfurter Gelehrten-Anzeigen" zu nennen, die in der Nummer vom 1. September 1772 erschienen ist. Glücklicherweise ist bei diesem Stück die sonst bei dieser Zeitschrift so sehr unsichere Frage nach dem Verfasser einwandfrei zu lösen: aus zwei brieflichen Aeußerungen des Schriftleiters steht fest, daß tatsächlich Goethe der Verfasser der Besprechung war (J. A. 36, 315). Die Anzeige bespricht eine eben erschienene Gedicht-Sammlung: „Gedichte von einem polnischen Juden. Mitau und Leipzig. 1772. 96 Seiten." Der Verfasser hieß Issachar Falkensohn Behr und war damals 26 Jahre alt. Es lohnt sich, Goethes ganze Besprechung trotz ihres Umfanges hier abzudrucken. (J. A. 36, 24—27.)

„Zuvörderst müssen wir versichern, daß die Aufschrift dieser Bogen einen sehr vorteilhaften Eindruck auf uns gemacht hat. Da tritt, dachten wir, ein feuriger Geist, ein fühlbares Herz, bis zum selbständigen Alter unter einem fremden rauhen Himmel aufgewachsen, auf einmal in unsere Welt. Was für Empfindungen werden sich in ihm regen, was für Bemerkungen wird er machen, er, dem alles neu ist?

Auch nur das flache, bürgerliche, gesellige und gesellschaftliche Leben genommen, wieviel Dinge werden ihm auffallen, die durch Gewohnheit auf euch ihre Wirkung verloren haben? Da, wo ihr an Langerweile schmachtet, wird er Quellen von Vergnügen entdecken; er wird euch aus eurer wohlhergebrachten Gleichgültigkeit reißen, euch mit euren eigenen Reichtümern bekannt machen, euch ihren Gebrauch lehren. Dagegen werden ihm hundert Sachen, die ihr so gut sein laßt, unerträglich sein. Genug, er wird finden, was er nicht sucht und suchen, was er nicht findet.

Denn seine Gefühle, seine Gedanken in freien Liedern der Gesellschaft, Freunden, Mädchen mitteilen; wenn er nichts Neues sagt, wird alles eine neue Seite haben. Das hofften wir, und griffen — in Wind.

In den fast zu langen und zu eitlen Vorberichtsbriefen erscheint er in Selbstgefälligkeit, der seine Gedichte nicht entsprechen.

Es ist recht löblich, ein polnischer Jude zu sein, der Handelschaft entsagen, sich den Musen weihen, Deutsch lernen, Liederchen ründen; wenn man aber in allem zusammen nicht mehr leistet als ein christlicher Etudiant en belles lettres auch, so ist es, deucht uns, übel getan, mit seiner Judenschaft ein Aufsehen zu machen.

Abstrahiert von allem produziert sich hier wieder ein hübscher junger Mensch, gepudert und mit glattem Kinn und grünem goldbesetzten Rock, der die schönen Wissenschaften eine Zeitlang getrieben hat und unterm Treiben fand, wie artig und leicht das sei, Melodiechen nachzutrillern. Seine Mädchen sind die allgemeinsten Gestalten, wie man sie in Sozietät und auf der Promenade kennen lernt, sein Lebenslauf unter ihnen der Gang von Tausenden; er ist an den lieben Geschöpfen so hingestrichen, hat sie einmal amüsiert, einmal ennuyiert, geküßt, wo er ein Mäulchen erwischen konnte. Ueber diesen wichtigen Erfahrungen am weiblichen Geschlecht ist er denn zum petit volage geworden, und nun, wenn er mehr Zurückhaltung bei einem Mädchen antrifft, beklagt er sich bitterlich, daß er nur den Handschuh ehrerbietig kosten, sie nicht beim Kopf nehmen und weidlich anschmatzen darf, und das alles so ohne Gefühl von weiblichem Wert so ohne zu wissen, was er will.

Laß, o Genius unseres Vaterlandes, bald einen Jüngling aufblühen, der voller Jugendkraft und Munterkeit zuerst für seinen Kreis der beste Gesellschafter wäre, das artigste Spiel angäbe, das freudigste Liedchen sänge, im Rundgesange den Chor belebte, dem die beste Tänzerin freudig die Hand reichte, den neuesten, mannigfaltigsten Reihen vorzutanzen, den zu fangen, die Schöne, die Witzige,

— 16 —

die Muntere alle ihre Reize ausstellten, dessen empfindendes Herz sich auch wohl fangen ließe, sich aber stolz im Augenblicke wieder losriß, wenn er, aus dem dichtenden Traum erwachend, fände, daß seine Göttin nur schön, nur witzig, nur munter sei; dessen Eitelkeit durch den Gleichmut einer Zurückhaltenden beleidigt, sich der aufdrängte, sie durch erzwungene und erlogene Seufzer, und Tränen, und Sympathien, hunderterlei Aufmerksamkeiten des Tages, schmelzende Lieder und Musiken des Nachts endlich auch eroberte und — auch wieder verließ, weil sie nur zurückhaltend war; der uns dann alle seine Freuden, und Siege, und Niederlagen, alle seine Torheiten und Resipiszenzen mit dem Mut eines unbezwungenen Herzens vorjauchzte, verspottete: des Flatterhaften würden wir uns freuen, dem gemeine, einzelne weibliche Vorzüge nicht genug tun.

Aber dann, o Genius, daß offenbar werde, nicht Fläche, Weichheit des Herzens sei an seiner Unbestimmtheit schuld: laß ihn ein Mädchen finden, seiner wert!

Wenn ihn heiligere Gefühle aus dem Geschwirre der Gesellschaft in die Einsamkeit leiten, laß ihn auf seiner Wallfahrt ein Mädchen entdecken, deren Seele ganz Güte, zugleich mit einer Gestalt ganz Anmut, sich in stillem Familienkreis häuslicher, tätiger Liebe glücklich entfaltet hat. Die Liebling, Freundin, Beistand ihrer Mutter, die zweite Mutter ihres Hauses ist, deren stets liebwirkende Seele jedes Herz unwiderstehlich an sich reißt, zu der Dichter und Weise willig in die Schule gingen, mit Entzücken schauten eingeborene Tugend, mitgeborenen Wohlstand und Grazie. — Ja, wenn sie in Stunden einsamer Ruhe fühlt, daß ihr bei all dem Liebeverbreiten noch etwas fehlt, ein Herz, das, jung und warm wie sie, mit ihr nach ferneren verhüllteren Seligkeiten dieser Welt ahndete, in dessen belebender Gesellschaft sie nach all den goldenen Aussichten von ewigem Beisammensein, dauernder Vereinigung, unsterblich webender Liebe fest angeschlossen hinstrebte.

(Fortsetzung folgt in Heft 12.)

Goethe über das Judentum.

II.

6. Gedichte eines polnischen Juden. (Fortsetzung.)

... „Laß die beiden sich finden: beim ersten Nahen werden sie dunkel und mächtig ahnden, was jedes für einen Inbegriff von Glückseligkeit in dem anderen ergreift, werden nimmer voneinander lassen. Und dann lallte er ahndend und hoffend und genießend: „Was doch keiner mit Worten ausspricht, keiner mit Tränen, und keiner mit dem verweilenden vollen Blick, und der Seele drin." Wahrheit wird in seinen Liedern sein und lebendige Schönheit, nicht bunte Seifenblasenideale, wie sie in hundert deutschen Gesängen herum wallen.

Doch ob's solche Mädchen gibt? Ob's solche Jünglinge geben kann? Es ist hier vom polnischen Juden die Rede, den wir fast verloren hätten, auch haben wir nichts von seinen Oden gesagt. Was ist da viel zu sagen! Durchgehends die Göttern und Menschen verhaßte Mittelmäßigkeit. Wir wünschen, daß er uns auf den Wegen, wo wir unser Ideal suchen, einmal wieder, und geistiger, begegnen möge."

Wir haben die ganze Abhandlung abgedruckt, obgleich streng genommen nur ihre erste Hälfte und ihr Schluß über den jüdischen Dichter handeln. Aber wer wollte dies prachtvolle Gegenbild des wirklich schöpferischen Dichters in dieser Besprechung missen! Goethes Nein-sagen ist ja immer ein Ja-sagen, ein Bessermachen gewesen, „Wahrheit und lebendige Schönheit". Es ist die Vorahnung seiner eigenen Bestimmung, die ihm beim Lesen dieser „Göttern und Menschen verhaßten Mittelmäßigkeit" aufleuchtet, im Gegensatz zur jüdischen Verachtung des Weibes dieses ewig unbefriedigte Suchen und Sehnen nach einem Mädchen, das seiner wert — er hat es zeitlebens nicht zu finden vermocht!

Was sein Urteil über den Juden betrifft, so sieht man: er ist von Haus aus nicht voreingenommen gegen den Juden als Juden; wohl aber hat er ein starkes Gefühl dafür, daß er nicht nur aus einem fremden Klima, sondern auch aus einem fremden Volke, fremden Sitten, Anschauungen und Gefühlsweisen kommt. Gerade deshalb erwartet er so viel, weil er annimmt, der Jude werde ehrlich aus dieser Fremdartigkeit heraus seine dichterische Anschauungskraft entwickeln. Gerade darin aber sieht er sich enttäuscht: Des Juden Ehrgeiz war es nicht, aus dem Gegensatz des Volksgefühls heraus etwas zu schaffen, sondern im Gegenteil, den Gegensatz vergessen zu machen, Melodiechen nachzutrillern, Schilderungen und Anschauungen zu wiederholen, die zum Gemeingut unserer landläufigen Mittelmäßigkeit gehören. Dazu ist er eitel, selbstgefällig, spielerisch und sinnlich: er hat kein Gefühl für weibliche Zurückhaltung und Würde, er kennt das Mädchen nur als selbstverständliches Opfer seines Genusses!

7. „Unsere Empfindsamen aus Judäa".

Im März 1773 schickte Goethe seinem Freunde Merck nach Darmstadt das „Jahrmarktsfest zu Plunderweilern", eine Scherz- und Spottdichtung, die zunächst nicht zur Aufführung, sondern nur zum Lesen und Vorlesen bestimmt war. Ein Jahr später ließ er die kleine Dichtung drucken, in der Sammlung: „Neueröffnetes moralisch-politisches Puppenspiel". Im Herbst 1778 hat er es umgearbeitet und gerade den uns hier angehenden Abschnitt von Grund aus neu gedichtet. Auf diese zweite Bearbeitung kommen wir noch zurück. Zunächst haben wir es nur mit dem Wortlaut von 1773 zu tun. (Vollständig abgedruckt bei Max Hermann „Jahrmarktsfest von Plunderweilern", Berlin. 1900. Seite 237—266; das Esther-Stück auch J. A. 7, in den Anmerkungen, Seite 352—354.)

Das Ganze ist eine Aneinanderreihung von Bildern, wie sie jeder bewegte Jahrmarkt bietet, lebensvoll, aber ohne tiefere Bedeutung, den ersten Lesern durch hineingearbeitete persönliche Spitzen vielleicht etwas mehr Lachen erregend als uns. In dieser Jahrmarktschilderung aber steht als Mittelstück eine Theateraufführung, in der zwei Auftritte aus der Geschichte der Esther vorgeführt werden. Von der alttestamentlichen Grundlage sind freilich nicht mehr als die Namen stehen geblieben. Um so mehr muß uns beschäftigen, was Goethe daraus gemacht hat.

Der erste Auftritt schildert einen Vortrag des Ministers Haman beim König Ahasverus (hebräische Form des persischen Namens, den wir in der griechischen Form als Artaxerxes kennen). Die Beziehungen auf die persisch-jüdische Zeit sind völlig gefallen. Der Inhalt ist eine Drohrede eines Aufklärers auf die neue Strömung der Empfindsamkeit; der König hört gelangweilt zu. Wir geben, da dieser Text in den gebräuchlichsten Ausgaben fehlt, den ganzen Wortlaut:

Haman: Gnäd'ger König, Herr und Fürst,
Du es mir nicht verargen wirst,
Wenn ich an deinem Geburtstag
Dir beschwerlich bin mit Verdruß und Klag'.
Es will mir aber das Herz abfressen,
Kann weder schlafen, noch trinken, noch essen.
Du weißt, wie viel es uns Mühe gemacht,
Bis wir es haben so weit gebracht,
An Herrn Christum nicht zu glauben mehr,
Wie's tut das große Pöbelheer;
Wir haben endlich erfunden klug,
Die Bibel sei ein schlechtes Buch,
Und sei im Grund nicht mehr daran,
Als an den Kindern Heyemann.
Drob wir denn nun jubilieren
Und herzliches Mitleiden spüren
Mit dem armen Schöpfenhaufen,
Die noch zu unserm Herrn Gott laufen.
Aber wir wollen sie bald belehren
Und zum Unglauben sie bekehren,
Und lassen sie sich 'wa nicht weisen,
So sollen sie alle Teufel zerreißen.

— 20 —

Ahasverus: Insofern ist mir's einerlei,
Doch braucht's all, dünkt mich, nicht 's Geschrei.
Laßt sie am Sonnenlicht sich vergnügen,
Fleißig bei ihren Weibern liegen,
Damit wir tapf're Kinder kriegen.

Haman: Behüte Gott, Ihre Majestät,
Das leid't sein Lebtag kein Prophet.
Doch wären die noch zu bekehren;
Aber die leidigen Irrlehren
Der Empfindsamen aus Judäa
Sind wir zum teuren Aerger da.
Was hilft's, daß wir Religion
Gestoßen vom Tyrannenthron,
Wenn die Kerls ihren neuen Götzen
Oben auf die Trümmer setzen?
Religion, Empfindsamkeit
Ist ein D†††, ist lang wie breit.
Müssen all das exterminieren;
Nur die Vernunft, die soll uns führen.
Ihr himmlisch klares Angesicht —

Ahasverus: Hat auch dafür keine Waden nicht.
Wollen's ein andermal besehen.
Beliebt mir jetzt, zu Bett zu gehen.

Haman: Wünsch' Euro Majestät geruhige Nacht.

Im zweiten Auftritt spricht Mardochai, der Jude, zur Königin Esther. Auch hier ist vom alten Königsmord keine Rede; es bleibt Mardochai der Vertreter der Empfindsamkeit. Aber diese Empfindsamkeit wird nun von innen gesehen: es ist Herrschsucht, Rachsucht, und der Trieb, die „Schwein' (die Heiden) zu Lämmern (zu Juden) zu rektifizieren". Wir geben auch hier den ganzen Wortlaut:

Esther: Ich bitt' Euch, laßt mich ungeplagt!

— 21 —

Mardochai: Hätt's gern zum letztenmal gesagt;
Wem aber am Herzen tut liegen,
Die Menchen ineinander zu fügen,
Wie Krebs und Kalbfleisch in ein Ragou
Und eine wohlschmeckende Sauce dazu,
Kann unmöglich gleichgültig sein,
Zu seh'n die Heiden wie die Schwein',
Und unser Lämmelein-Häuflein zart
Durcheinander laufen nach ihrer Art.
Möcht' all sie gern modifizieren,
Die Schwein' zu Lämmern rektifizieren
Und ein Ganzes draus kombinieren,
Daß die Gemeine zu Korinthus
Und Rom, Coloß und Ephesus
Und Herrenhut und Herrenhag
Davor bestünde mit Schand' und Schmach.
Da ist es nun an dir, o Frau,
Dich zu machen an die Königssau
Und seiner Borsten harten Strauß
Zu kehren in Lämmleins Wolle kraus.
Ich geh' aber im Land auf und nieder.
Kaper immer neue Schwestern und Brüder,
Und gläubige sie alle zusammen
Mit Hämmleins, Lämmleins Liebesflammen.
Geh' dann davon in stiller Nacht,
Als hätt' ich in das Bett gemacht.
Die Mägdlein haben mir immer Dank:
Ist's nicht Geruch, so ist's Gestank.

Esther: Mein Gemahl ist wohl schon eingeschlafen.
Läg' lieber mit einem von euren Schafen;
Indessen, kann's nicht anders sein:
Ist's nicht ein Schaf, so ist's ein Schwein. (Ab.)

Es steht fest (Herrmann, Seite 151), daß Goethe in diesem Mardochai einen gewissen Leuchsenring habe abbilden wollen, der in den Jahren 1771 bis 1773 im Merckschen Kreise in Darmstadt viel verkehrte, und dem es durch seine einschmeichlerische Frömmelei gelungen war, mancherlei Unfrieden, namentlich auch zwischen Herder und seiner Verlobten Karoline Flachsland zu stiften. Sicher ist auch, daß Goethe diesen Menschen und die Herderschen Erlebnisse in dem auf Ostern 1774 gedichteten Fastnachtsspiel „Pater Brey" gezeichnet hat (J. A. 7, 361). Aber man soll nie vergessen, was Goethe selbst fünfzehn Jahre später zur Frau Generalsuperintendent Herder in Weimar über die Leonore im „Pater Brey" geäußert hat: sie solle nicht so denken, als ob sie die Leonore „so ganz gewesen wäre". „Der Dichter nehme nur so viel von einem Individuum, als notwendig sei, seinem Gegenstand Leben und Wahrheit zu geben; das übrige hole er ja aus sich selbst, aus dem Eindruck der lebenden Welt" (Herrmann, Seite 159). Niemals ist eine dichterische Gestalt damit restlos erklärt, daß man den wirklichen Menschen aufweist, der die Anregung zu ihrer Entstehung gab. Immer mischt sich Persönliches in ihr mit allgemeinem; meist fließen Eigenschaften oder Erlebnisse mehrerer Einzelpersonen in solch einer Gestalt dichterischer Schöpfungskraft zusammen.

Darum ist es zum Verständnis jener Auftritte nicht genug, nur auf Leuchsenring und sein persönliches Treiben hinzuweisen. Der Dreiklang von religionsfeindlicher Aufklärung, religiös-schwärmerischer Empfindsamkeit und nüchtern-weltlicher Staatsklugheit, die beide ablehnt, ist sachlich bedingt, ist aus dem Eindruck der lebenden Welt geschöpft und behält seinen Wert, auch wenn man von Leuchsenring persönlich gar nichts weiß. Ebenso ist durch jenen Hinweis allein nicht erklärt, warum als Vertreter der Empfindsamkeit gerade ein Jude gewählt wird, und warum bei ihm die Empfindsamkeit nur als Schein, als Täuschung, als bewußte Waffe zum Durcheinanderbringen und Verjudeln der andern dargestellt wird. Es müssen Goethe im Leben oder im Schrifttum mehr solcher Leute vorgekommen sein; es muß ihm im besonderen die Eigenart jüdischer Empfindsamkeit oder Sentimentalität aufgegangen sein, die bewußt oder unbewußt auf die Zersetzung der uns eigentümlichen Art des Fühlens ausgeht. Sonst wäre nicht zu erklären, warum er der alten Esther-Fabel gerade diesen so ganz zeitgeschichtlichen Inhalt gibt.

Aber die Erklärer lassen uns hier ganz im Stich. Weder Max Herrmann in der genannten Einzelbearbeitung dieses Stückes, noch Albert Köster in den Anmerkungen der Jubiläumsausgabe haben auch nur ein Wort, um zu erklären, warum Goethe als Darsteller dieser unedlen Abart der Empfindsamkeit gerade den Juden und gerade die Esther-Tragödie nimmt, deren Sinn doch von Anfang an gewesen ist, zu zeigen, wie jüdische Täuschung und List über das außerjüdische Wirtsvolk und seinen König triumphieren. Die Goethe-Gelehrten haben an allen den Stellen, wo Goethe über Judentum spricht, merkwürdig wenig zu erklären gefunden.

8. Moses Mendelssohn.

An diese Beurteilung jüdischer Empfindsamkeits-Dichter schließen wir einige Aussagen über den Modephilosophen des damaligen aufgeklärten Judentums, den Freund Lessings, der ihm im Nathan ein allzuwürdiges Denkmal gesetzt hat: Moses Mendelssohn. Im Jahre 1785 las Goethe dessen „Morgenstunden"; er schrieb darüber an Jakobi: „Was hast Du zu den „Morgenstunden" gesagt? Und zu den jüdischen Pfiffen, mit denen der neue Sokrates zu Werke geht? Wie klug er Spinoza und Lessing eingeführt hat! O, du armer Christe! Wie schlimm wird dir es ergehen, wenn er deine schnurrenden Flüglein nach und nach umsponnen haben wird" (1. 12. 1785. Weimarer Ausgabe, Briefe. Band 7, 131).

Ein Vierteljahr später schrieb er an Charlotte von Stein: „Ich wünsche, daß Du glücklicher mit des Juden Testament sein mögest, als ich; denn ich habe es nicht auslesen können" (20. 2. 1786, ebenda Seite ?).

Am selben Tage schreibt er ähnliches auch in einem Briefe an Herder.

— 24 —

Man sieht, er hat auch hier unter der Form scheinbar harmloser allgemein=menschlicher Vernunftwahrheiten die Absicht erkannt, die Besonderheit und Eigenheit der christlichen Religion zu zerstören. Ihm sind dieses ganze jüdische „Menschentum“, mit dem die Grundlage unserer bestimmt gearteten Kultur zerstört werden soll, nur jüdische Pfiffe. Er sieht, wie dieses rein verstandesgemäße Denken darauf ausgehen soll, dem Christusglauben sein Wunderbares, Ueberverstandesgemäßes zu nehmen und damit das Himmlische, Göttliche, Engelhafte, also das nur in dichterischen Bildern zu Bezeichnende in diesem Glauben zu töten. Wie stark er selber, trotz aller gern zur Schau getragenen Freigeisterei gegenüber den kirchlichen Glaubenslehren, an diesen echten Kern aller Frömmigkeit gehangen hat, zeigt eben diese Stelle, zeigt mehr als alles der Schluß des „Faust“, und werden uns noch weiterhin seine Ausführungen in den Wanderjahren und in den Altersgesprächen über die christliche Religion als Grundlage unserer Kultur beweisen.

Hält man diese Sätze über Mendelssohn mit dem zusammen, was zwölf Jahre früher das „Jahrmarktsfest“ über jüdische Gefühlsseligkeit als Waffe im Herrschaftskampf gesagt hatte, so sieht man, daß dieses mit dieser Auffassung durchaus nicht allein steht. Um so mehr wäre es wichtig, wenn auch beim „Jahrmarktsfest“ die gelehrten Erklärer sich mühen wollten, die tatsächlichen Erfahrungen und Persönlichkeiten aufzuweisen, die ihn zu dieser Erkenntnis gebracht haben.

9. Die Hauptstelle: Uebersicht.

Gehen wir nun noch einmal auf das „Jahrmarktsfest“ zurück und betrachten wir die neue Bearbeitung, die Goethe im Herbst 1778 zum Geburtstagsfest der Herzogin Anna Amalia schrieb, so kommen wir damit an diejenige Stelle, an der Goethe überhaupt am ausführlichsten sich über das Judentum und dessen Wirksamkeit auf seine Wirtsvölker ausgesprochen hat. Die Stelle ist etwas bekannter, als die der ersten Bearbeitung, schon deshalb, weil sie in allen größeren Gesamtausgaben von Goethes Werken steht, ferner aber, weil das „Jahrmarktsfest“ in dieser Form tatsächlich gelegentlich aufgeführt worden ist, und weil einzelne Sätze im politischen Kampfe gegen das Judentum schon öfter angeführt worden sind. Aber gerade deshalb ist es wichtig, den Zusammenhang genau zu kennen. Dazu kommt, daß gerade diese Stelle von den gelehrten Goethe-Erklärern geflissentlich umgangen oder in ihrem dichterischen Wert herabgesetzt, jedenfalls auf ihren sachlichen Gehalt nicht näher untersucht wird. Wir müssen also an dieser Stelle doppelt vorsichtig und darum doppelt ausführlich sein.

Daher geben wir zunächst den Wortlaut des ganzen Gespräches zwischen Haman und Ahasverus (10), versuchen dann, den sachlichen Gehalt dieses Gespräches herauszuheben (11), besprechen darauf kurz die Art, wie Max Herrmann und Albert Köster diese Dichtung in ihren Erklärungen behandelt haben (12) und schließen daran eine Wiedergabe und Besprechung des zweiten Auftritts: Esther und Mardochai an (13). Den Schluß dieser Besprechung der Hauptstelle bildet dann die Frage, warum Goethe diese vertiefende Umarbeitung der älteren Esther-Dichtung überhaupt vorgenommen habe (14).

10. „Haman und Ahasverus.“

(J. A. 7, 172 bis 180).

Haman (allein): Die du mit ew'ger Glut mich Tag und Nacht begleitest,
Mir die Gedanken füllst und meine Schritte leitest,
O Rache, wende nicht im letzten Augenblick
Die Hand von deinem Knecht! Es wägt sich mein Geschick.
Was soll der hohe Glanz, der meinen Kopf umschwebt?
Was soll der günst'ge Hauch, der längst mein Glück belebt,
Da mir ein ganzes Reich gebückt zu Füßen liegt,

— 26 —

Wenn sich ein einziger nicht in dem Staube schmiegt?
Was hilft's, auf so viel Herr'n und Fürsten wegzugehen,
Wenn es ein Jude wagt mir ins Gesicht zu sehen?
Tut er auf Abram groß, auf unbeflecktes Blut,
So lehr' ihn uns're Macht des Tempels grause Glut!
Und wie Jerusalem in Schutt und Staub zerfallen,
So lieg' das ganze Volk, und Mardochai vor allen!
O kochte nur, wie hier, erst Ahasverus' Blut!
Da er ein König ist, ach, ist er viel zu gut.

Ahasverus (tritt auf und spricht): Sieh, Haman — bist du da?

Haman: Ich warte hier schon lange.

Ahasverus: Du schläfst auch nie recht aus; es ist mir um dich bange. (Setzt sich.)

Haman: Erhabenster Monarch, da deine Majestät
Wie immer, seh' ich wohl, auf Ros' und Flaumen geht,
Welch einen Dank soll man den hohen Göttern sagen
Für dein so selten Glück, die Krone leicht zu tragen!
Dein Volk, wie Sand am Meer, macht dir so wenig Müh'!
Das ist nur Götterkraft; von ihnen hast du sie.
So läßt sich ein Gebirg' in fester Ruh' nicht stören,
Wenn Wälder ohne Zahl auf seinem Haupt' sich mehren.

Ahasverus: O ja, was das betrifft, die Götter machen's recht;
So lebt und so regiert von jeher mein Geschlecht.

— 27 —

Mit Müh' hat keiner sich das weite Reich
erworben,
Und keiner jemals ist aus Sorglichkeit
gestorben.

Haman: Wie bin ich, Gnädigster, voll Unmut und Verdruß,
Daß ich heut' deine Ruh' gezwungen stören muß!

Ahasverus: Was ihr zu sagen habt, bitt' ich euch, kurz
zu sagen.

Haman: Wo nehm' ich Worte her, das Schrecknis vorzu-
tragen?

Ahasverus: Wieso?

Haman: Du kennst das Volk, das man die Juden nennt,
Das außer seinem Gott nie einen Herrn erkennt.
Du gabst ihm Raum und Ruh', sich weit und breit
zu mehren
Und sich nach seiner Art in deinem Land zu
nähren;
Du wurdest selbst ihr Gott, als ihrer sie verstieß
Und Stadt und Tempelspracht in Flammen
schwinden ließ:
Und doch verkennen sie in dir den güt'gen Retter,
Verachten dein Gesetz und spotten deiner Götter;
Daß selbst dein Untertan ihr Glück mit Neide
sieht
Und zweifelt, ob er auch vor rechten Göttern
kniet.
Laß sie durch ein Gesetz von ihrer Pflicht belehren
Und, wenn sie störrisch sind, durch Flamm' und
Schwert bekehren.

Ahasverus: Mein Freund, ich lobe dich: du sprichst nach
deiner Pflicht;
Doch wie's ihr andre seht, so sieht's der
König nicht.
Mir ist es einerlei, wem sie die Psalmen
singen,
Wenn sie nur ruhig sind und mir die
Steuern bringen.

— 28 —

Haman: Ich seh', Großmächtigster, dir nur gehört das Reich,
Du bist an Gnad' und Huld den hohen Göttern gleich!
Doch ist das nicht allein: sie haben einen Glauben,
Der sie berechtiget, die Fremden zu berauben,
Und der Verwegenheit stehn deine Völker bloß.
O König säume nicht, denn die Gefahr ist groß.

Ahasverus: Wie wäre denn das jetzt so gar auf einmal kommen?
Von Mord und Straßenraub hab' ich lang' nichts vernommen.

Haman: Auch ist's das eben nicht, wovon die Rede war:
Der Jude liebt das Gold und fürchtet die Gefahr.
Er weiß mit leichter Müh, und ohne viel zu wagen,
Durch Handel und durch Zins Geld aus dem Land zu tragen.

Ahasverus: Ich weiß das nur zugut. Mein Freund, ich bin nicht blind;
Doch das tun andre mehr, die unbeschnitten sind.

Haman: Das alles ließe sich vielleicht auch noch verschmerzen:
Doch finden sie durch Geld den Schlüssel aller Herzen,
Und kein Geheimnis ist vor ihnen wohl verwahrt.
Mit jedem handeln sie nach einer eignen Art.
Sie wissen jedermann durch Borg und Tausch zu fassen;
Der kommt nie los, der sich nur einmal eingelassen.
Mit unsern Weibern auch ist es ein übel Spiel;
Sie haben nie kein Geld und brauchen immer viel.

Ahasverus: Ha, ha! Das geht zu weit! Ha, ha! Du machst mich lachen;
Ein Jude wird dich doch nicht eifersüchtig machen?

Haman: Das nicht, Durchlauchtigster! Doch ist's ein alter Brauch:
Wer's mit den Weibern hält, der hat die Männer auch;
Und von dem niedern Volk, das in der Irre wandelt,
Wird Recht und Eigentum, Amt, Rang und Glück verhandelt.

Ahasverus: Du irrst dich, guter Mann! Wie könnte das geschehen?
Das alles muß nach mir und meinem Willen gehen.

Haman: Ich weiß vollkommen wohl: dir ist zwar niemand gleich,
Doch gibt's viel große Herrn und Fürsten in dem Reich,
Die dein so sanftes Joch nur wider Willen dulden.
Sie haben Stolz genug, doch stecken sie in Schulden;
Es ist ein jeglicher in deinem ganzen Land
Auf ein' und andre Art mit Israel verwandt,
Und dieses schlaue Volk sieht einen Weg nur offen:
So lang' die Ordnung steht, so lang' hat's nichts zu hoffen.
Es nährt drum insgeheim den fast gelöschten Brand,
Und eh' wir's uns versehn, so flammt das ganze Land.

Ahasverus: Das ist das erste Mal nicht, daß uns dies begegnet;
Doch unsre Waffen sind am Ende steis gesegnet:

— 30 —

Wir schicken unser Heer und feiern jeden Sieg,
Und sitzen ruhig hier, als wär' da drauß' kein Krieg.

Haman: Ein Aufruhr, angeflammt in wenig Augenblicken,
Ist eben auch so bald durch Klugheit zu ersticken;
Allein durch Rat und Geld nährt sich Rebellion;
Vereint bestürmen sie, es wankt zuletzt der Thron.

Ahasverus: Der kann ganz sicher steh'n, so lang', als ich drauf sitze!
Man weiß, wie da herab ich gar erschrecklich blitze;
Die Stufen sind von Gold, die Säulen Marmorstein,
In hundert Jahren fällt solch Wunderwerk nicht ein.

Haman: Ach, warum drängst du mich, dir alles zu erzählen?

Ahasverus: So sag' es grad heraus, statt mich ringsum zu quälen;
So ein Gespräch ist mir ein schlechter Zeitvertreib.

Haman: Ach, Herr, sie wagen sich vielleicht an deinen Leib.

Ahasverus (zusammenfahrend): Wie? Was?

Haman: Es ist gesagt. So fließet denn, ihr Klagen!
Wer ist wohl Manns genug, um hier nicht zu verzagen?
Tief in der Hölle ward die schwarze Tat erdacht,
Und noch verbirgt ein Teil der Schuldigen die Nacht.
Vergebens, daß dich Thron und Kron' und Zepter schützen:
Du sollst nicht Babylon, nicht mehr dein Reich besitzen!
In fürchterlicher Nacht trennt die Verräterei

— 31 —

Mit Vatermörderhand dein Lebensband entzwei;
Dein Blut, dafür das Blut von Tausenden geflossen,
Wird über Bett und Pfühl erbärmlich hingegossen.
Weh heulet im Palast, Weh heult durch Reich und Stadt,
Und weh', wer deinem Dienst sich aufgeopfert hat!
Dein hoher Leichnam wird wie schlechtes Aas geachtet,
Und deine Treuen sind in Reihen hingeschlachtet!
Zuletzt, von Morden satt, tilgt die Verräterhand
Ihr eigen' schändlich' Werk durch allgemeinen Brand.

Ahasverus: O weh! was will mir das? Mir wird ganz grün und blau!
Ich glaub', ich sterbe gleich, — geh', sag' es meiner Frau!
Die Zähne schlagen mir, die Knie mir zusammen,
Mir läuft ein kalter Schweiß! Schon seh' ich Blut und Flammen.

Haman: Ermanne dich!

Ahasverus: Ach! Ach!

Haman: Es ist wohl hohe Zeit;
Doch treues Volk ist stets zu deinem Dienst bereit.
Du wirst den Redlichsten an seinem Eifer kennen.

Ahasverus: Je nun, was zaudert ihr? So laßt sie gleich verbrennen!

Haman: Man muß behutsam geh'n; so schnell hat's keine Not.

Ahasverus: Derweile stechen sie mich zwanzig Male tot.

Haman: Das wollen wir nun schon mit unsern Waffen hindern.

— 32 —

Ahasverus: Und ich war so vergnügt, als unter meinen Kindern!
Mir wünschen sie den Tod? Das schmerzt mich gar zu sehr!

Haman: Und, Herr, wer einmal stirbt, der ißt und trinkt nicht mehr.

Ahasverus: Man kann den Hochverrat nicht schrecklich genug bestrafen.

Haman: Du solltest schon so früh bei deinen Vätern schlafen?

Ahasverus: Ei pfui! mir ist das Grab mehr als der Tod verhaßt!
Ach! ach! mein würd'ger Freund! — Nun still! ich bin gefaßt.
Nun soll's der ganzen Welt vor meinem Zorne grauen!
Geh, laß mir auf einmal zehntausend Galgen bauen.

Haman (knieend): Unüberwindlichster! hier lieg' ich, bitte Gnad'!
Es wär' ums viele Volk und um die Waldung schad'.

Ahasverus: Steh auf! Dich hat kein Mensch an Großmut überschritten;
Dich lehrt dein edel Herz für Feinde selbst zu bitten.
Steh auf! Wie meinst du das?

(Fortsetzung folgt in Heft 14.)

III.

Haman: Gar mancher Bösewicht
Ist unter diesem Volk, doch alle sind es nicht;
Und vor unschuld'gem Blut mög' sich dein Schwert behüten!
Bestrafen muß ein Fürst, nicht wie ein Tiger wüten.
Das Ungeheuer, das sich mit tausend Klauen regt,
Liegt kraftlos, wenn man ihm die Häupter niederschlägt.

Ahasverus: O wohl! So hängt mir sie nur ohne viel Geschwätze!
Der Kaiser will es so, so sagen's die Gesetze.
Wer sind sie? Sag' mir an.

Haman: Ach, das ist nicht bestimmt;
Doch geht man niemals fehl, wenn man die Reichsten nimmt.

Ahasverus: Vermaledeite Brut, du sollst nicht länger leben!
Und dir sei all ihr Gut und Hab' und Haus gegeben!

Haman: Ein trauriges Geschenk!

Ahasverus: Wer kommt dir erst in Sinn?

Haman: Der erst' ist Mardochai, Hofjud' der Königin.

— 34 —

Ahasverus: O weh! Da wird sie mir kein Stündchen Ruhe lassen!

Haman: Ist er nur einmal tot, so wird sie schon sich fassen.

Ahasverus: So hängt ihn denn geschwind und laßt sie nicht zu mir!

Haman: Wen du nicht rufen läßt, der kommt so nicht zu dir.

Ahasverus: Wo ist ein Galgen nur? Hängt ihn, eh's jemand spüret!

Haman: Schon hab' ich einen hier vorsorglich aufgeführet.

Ahasverus: Und fragt mich jetzt nicht mehr! Ich hab' genug getan;
Beschlossen hab' ich es, nun geht's mich nichts mehr an. (Ab.)

---

11. Der Gehalt der Szene.

Versuchen wir nun, aus diesen Worten herauszuziehen, was Goethes Meinung über das Judentum gewesen ist, so ist die erste Frage: spricht er hier im Scherz oder im Ernst? Verulkt er etwa in dichterischer Uebertreibung eine judenfeindliche Stimmung seiner Tage, die er nicht teilt? Oder benutzt er wie ein kluger Hofnarr die Gelegenheit der Burleske dazu, seinen Zuschauern Gedanken ins Bewußtsein zu heben, die sie sonst vielleicht nicht gerne hätten hören wollen, die ihm trotz aller komischen Form aber doch sachlich bitterer Ernst sind? Die Frage ist ohne weiteres dahin zu beantworten, daß die zweite Hälfte der Doppelfrage das Richtige trifft. Denn es finden sich wohl zu jeder der hier über die Juden getanen Aussagen in Goethes Leben mindestens eine, meist aber mehrere Bestätigungen, an deren Ernst und Aufrichtigkeit nicht zu zweifeln ist: aus Briefen, Gesprächen und Büchern. Wir werden sie in den späteren Abschnitten unserer Untersuchung noch kennen lernen, haben sie zum Teil auch in den früheren schon besprochen Aber auch abgesehen von diesem Beweis aus Goethes sonstigen Aeußerungen, aus der Stelle selbst und ihrer Eigenart ist der Ernst des Dichters genügend zu ersehen.

Wie Goethe dichtet, wenn er in übermütigem Spott einen verulkenden Schwank schreibt, kann man neben vielen anderen Stellen schon aus der Form sehen, die dies Estherspiel in der Bearbeitung von 1773 hatte — obgleich auch da der Gegensatz von freigeistiger Aufklärung, Empfindsamkeit und Staatsraison an sich durchaus ernst zu nehmen ist. Dieses übertreibende und damit komische Pathos setzt auch in unserem jetzt zu besprechenden Text ein an der Stelle, wo Haman dem König den Mordanschlag ankündigt, der auf ihn selbst von den Juden gemacht werden soll (oben Ende von Seite 30). Sowohl Hamans Klage als auch des Königs Angst sind mehr oder weniger im Possenstil geschrieben. Ueber den Scherz mit den zehntausend Kreuzen — „es wär' ums viele Volk und um die Waldung schad" — konnte seinerzeit Frau Rat Goethe beim Lesen „mit Lachen gar nicht fertig werden" (Hermann, Seite 166).

Aber gerade wenn man von diesem Schluß aus auf den Anfang der Szene zurückblickt, empfindet man eine ganz andere Tonart. Die Anrufung der Rache mag noch übertrieben-pathetisch gedacht sein, so daß diese Deklamation den Hörer zum Lachen reizen soll. Aber schon, wo der unbeugsame Stolz des Juden zum ersten Male erwähnt wird, mehr noch, wo der König auftritt und seine unberührbar heitere Majestät mit dem schönen Bilde verglichen wird: „Da läßt sich ein Gebirg' in fester Ruh' nicht stören, wenn Wälder ohne Zahl auf seinem Haupt sich mehren", vollends wo die eigentliche Darstellung der jüdischen Gefahr beginnt ist aus Versmaß, Wortschatz, Bildern und Gedankengang jede drollige Uebertreibung verschwunden. Jeder, der diese Verse laut vorliest, wird unwillkürlich die possenhafte Uebertreibung aus Ton und Miene verlieren und den Ernst durchbrechen fühlen.

Das zeigt sich auch in der Art, wie dieser König geschildert wird. Am Ende der Szene ist er ein heulender, wütender, lächerlicher Schwächling, wie er in eine Kasperle-Vorstellung gehört. Zu Anfang aber ist er ganz anders gezeichnet worden. Er geht auf Ros' und Flaumen; er hat die seltene Göttergabe, seine Krone leicht zu tragen; ihm und seinen Ahnen ist Mühen, Sorgen, Arbeiten immer ferngeblieben: „so lebt und so regiert von jeher mein Geschlecht". Der Minister tut nur seine Pflicht, wenn er sorgt und vorbaut und Gefahren rechtzeitig auswittert. „Doch wie's ihr andre seht, so sieht's der König nicht". Das Vorrecht der Majestät ist Sorglosigkeit und Vertrauen. Man möchte an Schillers Schilderung des Königs in der „Jungfrau von Orleans" erinnert werden. So wenig dieser nur als Schwächling zu verdammen ist, so wenig ist dieser Goethesche König nur eine Possenfigur. Ein Strahl Egmontschen Blutes fließt auch durch seine Adern. Goethes eigene Majestät kann sich eben auch in der Posse nicht ganz verleugnen.

Dieser selbe Ernst nun bricht auch in der Darstellung der Juden durch. Schon die erste Erwähnung des verhaßten Juden in Hamans Eingangsworten zeigt den jüdischen Stolz, die aufrechte, trotzige Denkart durchaus nicht in lächerlichem Sinne. Der Jude allein beugt sich vor dem allmächtigen Minister nicht, der doch über so viel Herren und Fürsten weggegangen ist, vor dem das ganze Reich gebückt im Staube liegt. Der Jude pocht auf Abraham, auf sein unbeflecktes Blut, auf die reine Rasse, auf seine Abstammung aus dem erwählten Volk. Mag Staat, Stadt und Tempel zerbrechen, dieser Rassenstolz hält auch in der Fremde und in der äußeren Versklavung. In diesen Gedanken ist nichts lächerlich oder übertrieben. Im Gegenteil, sie entsprechen durchaus der Wirklichkeit, sowohl aus babylonischer, wie aus Goethescher, wie aus unserer Zeit. Sie mögen dienen, uns den Juden furchtbar zu machen. Aber Posse sind sie nicht.

Freilich, wenn wir später die zweite Szene lesen werden, in der dieser Mardochai, „Hofjud der Königin", wirklich auftritt, so sind wir sehr erstaunt, in diesem teils winselnden, teils schachernden Schläuling das Urbild dieses erst so trotzig geschilderten Juden erblicken zu sollen. Aber gerade dieses Auseinanderklaffen der Szenen zeigt, ebenso wie das Auseinanderklaffen des Stils in der ersten Szene selbst, daß wir in der ersten Hälfte der ersten Szene eben nicht Posse, sondern Ernst vor uns haben. Das Jahrmarktsfest ist ja keine lang überdachte, planmäßige Dichtung. Es ist eine Sammlung rasch hingeworfener Einfälle und Ueberarbeitungen; namentlich diese neuen Esther-Szenen von 1778 müssen innerhalb weniger Tage geschrieben sein. Darum darf man nicht eine Szene aus der andern, sondern nur jedes Stück aus sich selbst heraus erklären wollen.

Entsprechend dieser Auffassung des jüdischen Rassestolzes als der Grundlage ihres Wesens geht nun die Schilderung weiter. Das jüdische Volk erkennt außer seinem Gott nie einen Herrn über sich an. Auch dem König, der ihnen nach der Vernichtung ihrer eigenen Stadt Raum und Ruh gab, sich weit und breit zu mehren, lohnen sie nur mit Undank; sie verachten sein Gesetz und verspotten seine Götter. Er gibt ihnen Raum, in seinem Land nach ihrer Art zu nähren: religiöse Toleranz und wirtschaftliche Bewegungsfreiheit aber nutzen sie nur, um den freundlich entgegenkommenden Gaststaat zu stürzen und das harmlos vertrauende Wirtsvolk unter ihre Herrschaft zu bringen.

Diese ihre Zerstörer-Arbeit beginnt damit, daß sie, Toleranz und Bewegungsfreiheit benutzend, das Wirtsvolk selbst an seiner überlieferten Art irremachen und es zu ihrer Art verführen. Das Wirtsvolk sieht mit Neid, wie der Jude auf seine Weise reich, zahlreich und mächtig wird. Es beginnt zu zweifeln, „ob er auch vor rechten Göttern knieet," ob das, was es selbst bisher als edel, recht und Sitte empfand, wirklich gut ist, wenn doch die so andere jüdische Art so sichtbar mit Erfolg und Glück gesegnet wird. Es fängt an, seine eigene Art zu verlassen und jüdischer Art nachzueifern.

Aber in diesem Nacheifern werden sie ihr Vorbild niemals erreichen; denn es ist ein abgrundtiefer Unterschied zwischen der jüdischen und der Religion der anderen Völker. Wenn ein anderer anfängt, zu betrügen, zu bewuchern, auf Zinsen zu leihen, durch Handel reich zu werden, so tut er das im Gegensatz zu und im Abfall von seiner Religion. Die überkommene Art seines Volkstums, sein Gewissen, wird ihn immer wieder hindern, und er wird nur im Zwiespalt mit sich selbst Wucher-Kapitalist werden. Der Jude aber handelt dabei in ungebrochenem Einklang mit seiner Religion: „sie haben einen Glauben, der sie berechtigt, die Fremden zu berauben; und der Verwegenheit stehn deine Völker bloß"; einer solchen Gewissensrobustheit sind sie nicht gewachsen.

Ist das Scherz oder Ernst, Ulk oder Wahrheit? Wir wissen, wie Goethe schon in jungen Jahren selbständig das Alte Testament studiert hat. Wir kennen seine Jugendauslegung der Jakobgeschichte, daß dieser Stammvater die betrügerische Art seiner Nachkommen schon vorgebildet habe. Auch andere Stellen ähnlicher Art können Goethe nicht fremd geblieben sein, zum Beispiel, wie Abram in Aegypten Sarai als seine Schwester ausgibt und für sie Schafe, Rinder, Esel, Knechte, Mägde, Eselinnen und Kamele erhält, zum Schluß aber auch seine Frau selbst, ohne daß er dem Pharao die Geschenke zurückgibt (1. Mose 12, 16—21). Oder wie Gott dem Mose den Auftrag und die Verheißung gibt: „Ich will diesem Volke Gunst bei den Aegyptern verschaffen, so daß ihr, wenn ihr wegziehet, nicht mit leeren Händen ausziehet. Jedes Weib soll nämlich von ihrer Nachbarin und Hausgenossen silberne und goldene Schmucksachen und Kleider leihen. Die sollt ihr euren Söhnen und Töchtern anziehen und so die Aegypter berauben" (2. Mose 3, 21—22). An solche und ähnliche Stellen des Alten Testamentes — den Talmund hat er ja noch nicht gekannt — muß er gedacht haben, als er diesen Ausspruch prägte. Er entspricht der Wirklichkeit; er ist ohne Uebertreibung ausgedrückt; er gibt die Wirkung dieser jüdischen Religionsauffassung zutreffend an. Kurz, es ist nicht Posse, sondern seine ehrliche Meinung, was Goethe seinen Haman hier sagen läßt.

Weiter: Das Berauben und Ausplündern des fremdstämmigen Wirtsvolkes geht bei den Juden nicht durch Gewalt, wenigstens zunächst nicht durch Gewalt und Totschlag, sondern durch List. „Der Jude liebt das Geld und fürchtet die Gefahr." Darum ist wucherischer Handel und Ausleihen auf Zins das Mittel, mit dem sie in aller scheinbaren Ehrlichkeit und Friedlichkeit des Wirtsvolkes Geld an sich bringen.

Je mehr aber ihr Geldbesitz wächst, um so mehr wächst auch ihre politische Macht. Sie finden durch Geld den Schlüssel aller Herzen; kein Geheimnis, auch kein Staatsgeheimnis ist vor ihnen wohl verwahrt. Sie bringen durch Borg und Tausch jeden Einzelnen in Abhängigkeit von sich. Sie wissen jeden da zu fassen, sich jedem da unentbehrlich zu machen, wo er Geld braucht. Oft stecken sie sich hinter die Frauen, deren Sucht nach Putz und Geschmeide sie listig anzustacheln und zu befriedigen verstehen, und bekommen so auch die Männer als Schuldner in ihre Hand. Schließlich kommt es dazu, nicht nur bei den obersten Klassen, sondern auch beim niederen Volke, daß Recht und Eigentum, Rang, Ehre, Glück verhandelt, das heißt: an den Juden verhandelt wird.

Wenn es so weit gediehen ist, dann beginnt der bisher so friedliche und unterwürfige Jude eine andere Saite aufzuziehen. Haben sie Herren und Volk für sich gewonnen, so bereiten sie die Revolution. „Denn dieses schlaue Volk sieht einen Weg nur offen; so lang die Ordnung steht, hat's nichts zu hoffen." Das Erste ist, daß sie jeden Einzelnen sich schuldverhaftet machen: „Es ist ein jeglicher in deinem ganzen Land auf ein und andre Art mit Israel verwandt." Das Zweite ist, daß sie diese ihre Mannen zum Aufruhr ansetzen: „Es nährt drum insgeheim den fast gelöschten Brand; und eh wirs uns versehn, so flammt das ganze Land." Es ist nicht ein Aufruhr, der, durch augenblickliche Wut und Leidenschaft entflammt, auch ebenso rasch durch Waffen und Klugheit wieder zu stillen ist. Vielmehr ist es Rebellion, die „durch Rat und Geld" genährt ist, durch lange planmäßige Arbeit, Unterwühlung und Bestechung. Dieser planmäßigen Arbeit weicht zuletzt auch der Thron. Es endet die Geschichte des Wirtsvolkes in allgemeinem Aufruhr, Zuchtlosigkeit, Morden und Zusammenbruch. „Zuletzt, vom Morden satt, tilgt die Verräterhand ihr eigen schändlich Werk durch allgemeinen Brand.“ —

Ist das Uebertreibung, Spott, Jahrmarktsulk oder Goethes wirkliche Meinung? Daß es Goethes wirkliche Meinung über die Juden ist, daß er aus diesem Grunde jedem einzelnen Schritt der Judenemanzipation widerraten hat, so gut er konnte, werden wir später sehen. Aber so geschlossen, so folgerichtig wie hier hat er jüdisches Spiel und jüdische Gefahr niemals wieder beschrieben. Man fragt erstaunt, welcher Anschauungsstoff ihm eigentlich zu Gebote stand, daß er so eindringend und bis zum Ende der Linie die ganze Entwicklung bloßlegen konnte, elf Jahre vor der großen französischen Revolution, die ja auch in Wirklichkeit eine Judenmache war. Man sieht erschüttert auf die Bestätigung dieser Darstellung, wie sie bis zur letzten Ausrasung das heutige Rußland gegeben hat, und wie wir sie bis zu dreiviertel des Weges auch im eigenen Vaterlande schon erlebt haben. Mag sein, daß gerade darum, weil wir das alles selber erlebt haben, wir des Dichters Schilderung heute mit doppeltem Ernste lesen. Eine Darstellung, die so durch die Geschichte bestätigt worden ist, entspringt nicht einem übermütigen Ulk oder einer vorübergehenden Jahrmarktsstimmung. Sie kommt aus des Dichters tiefstem Gefühl, aus seiner hellseherischen Kraft, mit der er sich in Werdendes und noch Unsichtbares einzufühlen vermag. Der Ernst des Gegenstandes hat ihn übermannt; erst hinterher lenkt er in die Burleske wieder ein. —

So ist es schließlich auch durchaus ernst zu nehmen, wie er die sorglose Harmlosigkeit dieses Königs ahnungsvoll schildert. Der König ist aufgeklärt, tolerant; er wird doch nicht Menschen ihrer Religion wegen verfolgen! „Mir ist es einerlei, wem sie die Psalmen singen, wenn sie nur ruhig sind und mir die Steuern bringen.“ Er findet keinen Anlaß zum Einschreiten, so lange er nicht von offenkundigem Mord und Straßenraub hört. Er findet, daß an jüdischer Art ebenso viele Anteil haben, die mit jüdischer Rasse oder

Religion nichts zu tun haben: „Das tun andre auch, die unbeschnitten sind." Darum also kann er den Juden nicht besonders strafen. Er pocht auf seine Kraft, seinen Willen, sein Heer, die unerschütterliche Sicherheit seines Thrones. „In hundert Jahren fällt solch Wunderwerk nicht um." Kurz, es gibt nichts, was ihn veranlassen könnte, das Gesetz gegen die Juden zu geben, das Haman ursprünglich von ihm forderte. Er bleibt dabei, ihnen Raum, Ruhe, ungestörte Entfaltung ihrer Art zu gewähren — bis es zu spät ist.

Auch in diesem Bilde hat Goethe nach der Wirklichkeir gezeichnet, so schwer es möglich sein mag, einen einzelnen Fürsten als Urbild dieses Königs nachzuweisen. Bei dem Satz von den Steuern hat man früher gelegentlich an Friedrich den Großen gedacht. Aber es ist unmöglich, in diesen genießerischen, unkriegerischen, zum Schluß lächerlichen König ein Abbild gerade des einzigen Helden seines Zeitalters zu sehen. Trotzdem bleibt bestehen, daß die Judenpolitik Friedrichs der Art war, wie sie hier Goethe schildert. Aber nicht Friedrichs allein, sondern ebenso aller anderen Fürsten seiner Zeit. Das deutsche, aber auch das ausländische Fürstentum fast in seiner Gesamtheit trägt die Schuld, die Einrichtung und das Großwerden der Juden in den europäischen Staaten veranlaßt zu haben. Aufklärung, Merkantilismus, Geldbedürfnis der Fürsten haben zusammengewirkt, sie der Judengefahr gegenüber blind zu machen. Das hat Goethe gesehen. Das hat er wenigstens der kleinen Hofgesellschaft, auf die er Einfluß hatte, im Bilde dieses Königs zeigen wollen. Es geht auf die ganze Richtung; auf einen einzelnen Fürsten geht es nicht.

12. Max Herrmann und Albert Köster zur Stelle.

Wir unterbrechen einen Augenblick die sachliche Darstellung, um bei dieser so grundlegend wichtigen Stelle einmal zu prüfen, was deutsche Fachgelehrte zu ihrer Aufhellung zu sagen haben. Es wurde schon früher (siehe Seite 18) das Buch erwähnt, daß der Berliner Universitätsprofessor Max Herrmann, einer unserer verdientesten Sonderforscher auf dem Gebiete der Theatergeschichte, über das „Jahrmarktsfest" geschrieben hat. In diesem Buche wird besonders ausführlich, auf insgesamt 161 Seiten, die Entstehungsgeschichte des Stückes zergliedert, mit Aufbietung aller eindringlichster Gelehrsamkeit bei Aufweisung ähnlicher Worte, Personen oder Stilarten in anderen Stücken. Die einfachste Milchmädchenzeile findet eine lange Erklärung; Abbildungen helfen den Marktschreier, den Raritätenkastenmann usw. anschaulich machen. Ueber den gedanklichen Inhalt der Haman-Szene aber findet sich nicht ein Wort!

Die ganze Szene von etwa 165 Versen, fast halb so lang, wie das ganze ursprüngliche Spiel einschließlich der älteren Haman-Szene war, wird auf knapp 5 Seiten abgehandelt. Es wird zunächst erklärt, warum dem Dichter die ältere Szene für die Weimarer Aufführung 1778 nicht mehr genügt haben mag; darüber später. Dann wird die neuere Szene als „Satire rein literarischer Art", aber „ziemlich allgemein gehalten" bezeichnet. „Sonderlich tief ist im übrigen der Gedanke nicht, den biblischen Stoff zu einer Verspottung der regelmäßigen, von Frankreich importierten Alexandrinertragödie zu benutzen, die sich ja mit einer gewissen Vorliebe biblischer Gegenstände bemächtigt hatte ...." (Seite 169). Dann wird weiter dargelegt, daß die Szene eine literarische Parodie auf die französische klassische Tragödie im ganzen, nicht etwa auf die Racinesche Esther im besonderen, sein solle, und das Parodistische aus dem Schluß der Szene ausführlich mit wörtlichen Anführungen belegt. Dazu werden die Charaktere der handelnden Personen kurz bezeichnet: der König „ein jämmerlicher, schwachsinniger, feigherziger, indifferenter Fürst" (172); Haman „schon in der Bibel ein so grotesker Bösewicht, daß er sich vortrefflich in diese Gesellschaft jämmerlich-komischer Egoisten schickt" (173). Im ganzen wird geurteilt, daß hier „mehr der Theaterschriftsteller als der Dichter Goethe am Werke war" (170), „daß nicht gerade ein Goethe nötig war", um diese Szene zu schaffen (173).

Das sagt derselbe Beurteiler, der all den vielen kleinen Jahrmarktsscherzen des bunten Treibens eine so liebevolle Würdigung hatte zuteil werden lassen! Die Wahrheit ist, daß in der ganzen Dichtung überhaupt nur der Einschub in der ersten Szene (Marktschreier und Doktor) über Schauspielkunst und Charakter und die erste Hälfte der Haman-Szene einigen dichterischen Wert in sich haben. Beide Stücke fallen nach Form und Gehalt ganz aus ver übrigen Tonart heraus. Und wie in der ersten der Dichter ein verschleiertes Selbstbekenntnis über sein Dichten gab — ebenso ernst wie das des „Vorspiels auf dem Theater" im „Faust"! —, so gab er in der zweiten eine Darstellung des Judentums, wie er es wirklich sah und auch sonst oft geschildert hat.

Dafür hat dieser gelehrte Bearbeiter kein Auge gehabt. Nicht mit einer Silbe ist er auf den Inhalt der Szene eingegangen. Nicht mit einer Silbe hat er ausgeführt, daß Goethe den „biblischen Stoff" nicht einfach übernommen und zu einer Verspottung der französischen Tragödie des 17. Jahrhunderts benutzt hat. Vielmehr hat Goethe den biblischen Stoff in sein Gegenteil verkehrt. Der Mardochai der zweiten Szene ist das Gegenteil des stolzen Juden, wie ihn das Buch Esther schildert, und wie ihn der Haman der ersten Szene voraussetzt. Und ebenso ist Haman der Judenfeind, wie ihn das Buch Esther nennt, durchaus nicht nur ein „grotesker Bösewicht"; sondern er ist zum Sprachrohr echter Goethischer Gedanken geworden. Dazu kommt, daß Goethe die geschichtliche Lage, wie sie das Estherbuch voraussetzt, völlig verschoben hat. Der wirkliche Ahasverus ist der Perserkönig Artaxerxes. Das Estherbuch setzt die Verbreitung der Juden im ganzen persischen Reich voraus und ihren Aufstieg zu Reichtum und Macht, wie er in der Gestalt Nehemias um 445 vor Christus geschichtlich bezeugt ist. Goethe aber macht Ahasverus zum König von Babylon (Vers 345, Zählung nach Herrmann), zum Zerstörer Jerusalems und des Tempels (245 f.), verwechselt also Ahasverus mit Nebukadnezar und die Zeit nach 586 mit der persischen Zeit. Auch das ist dem gelehrten Erklärer vollständig entgangen.

Vor allem aber: von den vielen gleichartigen Aussprüchen Goethes über die Juden, die doch den Gedanken-

— 44 —

gang Hamans erst in seinem vollen Werte erscheinen lassen, gibt dieser Erklärer nicht einen einzigen. Sonst ist es doch der Goethe-Fachgelehrten Art, jeden ähnlichen Ausdruck aus Briefen, Tagebüchern, Gesprächen und Werken im Kommentar herbeizutragen um den Gedanken des zur Frage stehenden Textes recht anschaulich zu machen und von allen Seiten zu beleuchten. Hier ist auffallenderweise über einen Text von fast hundert Zeilen (268 bis 340) nicht eine einzige Bemerkung gemacht worden, obgleich gleichgerichtete Aussagen Goethes, wie diese unsere Zusammenstellung zeigt, in Masse zu nennen gewesen wären. Der ersten Pflicht des Erklärers, den Stoff, der zum Verständnis nötig ist, vollständig und ohne Parteilichkeit zusammenzutragen, hat der sonst so peinlich genaue Forscher an dieser einen Stelle nicht genügt.

Dasselbe ist über Albert Köster zu sagen, der den betreffenden Band der Cottaschen Jubiläums-Ausgabe besorgt und die Anmerkungen geschrieben hat. Auch er ist Universitätsprofessor, vertritt die Geschichte des deutschen Schrifttums in der Universität Leipzig und ist besonders mit Goethe vertraut. Seine Anmerkungen zum „Jahrmarktsfest" füllen insgesamt stark neun Seiten. Davon kommen auf die allgemeine Einleitung und auf den Abdruck der im Text nicht aufgenommenen Stücke knapp sechs Seiten. Von den übriableibenden reichlich drei Seiten sind dem Estherspiel von 1778, das doch mehr als ein Drittel der ganzen Dichtung ausmacht, in der Einzelerklärung sage und schreibe fünf Zeilen gewidmet; und diese beziehen sich auf drei sprachlich für uns nicht mehr ganz gebräuchliche Ausdrücke, nichts auf den Inhalt. Dieser Einzelerklärung aber ist ein Gesamturteil von zehn Zeilen vorgestellt, das also lautet: „1778 dichtete Goethe die zwei Szenen in eine rein literarische, anspielungslose Parodie auf eine beliebige stelzenhafte, französische Alexandrinertragödie um: das Königspaar und seine Räte sind erbärmliche, egoistische Wesen, die von den Höhen des Pathos beständig Abstürze in den Ton ordinärster Prosa tun. Die parodistische Uebertreibung ist im gedruckten Dialog nur zum allerkleinsten Teil zu finden; sie wird hauptsächlich durch das Spiel erreicht worden sein. Wir müssen uns sowohl das ältere wie das jüngere Esther-Drama von Wander-Schauspielern elendester Sorte dargestellt denken." (J. A. 7, 354 f.)

Zunächst ist diese Beurteilung bis aufs Wort entlehnt aus Herrmanns eben besprochenem Buche. Ueber den sachlichen Gehalt, über die Umbildung des biblischen Stoffes und über Goethes sonstige Aussagen über das Judentum sagt auch Köster kein Wort. Dann aber fällt das Zugeständnis auf, daß auf weite Strecken hin in den Worten dieses Parodistische gar nicht zu finden sei, daß man sich also denken müsse, es habe in den Gebärden gelegen. Im Zusammenhang damit steht der Schlußsatz, daß wir uns beide Ausarbeitungen von Schauspielern ordinärster Sorte gespielt denken müssen.

Dieser Satz ist sehr auffällig und mißverständlich. Zunächst wissen wir ja schon, daß wir uns die ältere Ausarbeitung überhaupt nicht gespielt denken müssen; sondern daß sie nur ein Lesestück war, einem Freunde ganz persönlich zum Geburtstag geschrieben. Und von der zweiten Ausarbeitung wissen wir, daß sie in Ettersburg zum Geburtstage der Herzogin Anna Amalie von der Hofgesellschaft selbst gespielt worden ist, wobei Goethe selbst den Marktschreier, den Haman (also die beiden, die in der neuen Bearbeitung ernstere und echt goethisch empfundene Stücke zu sprechen hatten), und den Mardochai gab (Herrmann, Seite 181).

Man sieht, es liegt bei beiden Bearbeitern eine unbewußte Neigung vor, den dichterischen Wert gerade der neuen Haman-Szene herunterzusetzen und auch die Darstellung selbst als minderwertig erscheinen zu lassen. Dabei müssen sie selbst zugeben, daß der Text als solcher durchaus nicht nur einen parodistischen Eindruck macht. Auch Herrmann schreibt: „Goethe gibt nun, gerade wie er in der Behandlung des Alexandriners jede Karikatur vermeidet, in einem großen, ja dem größten Teile der beiden Szenen eine vollkommene Kopie dieser französisch-deutschen Manier, so daß man, wenn man nicht wüßte, daß es sich um einen Ulk handelt, an vielen Stellen glauben könnte, etwa ein Drama aus Gottscheds deutscher Schaubühne zu lesen" (171). Das ist es eben: beide Gelehrte gehen von der Voraussetzung aus, daß es ein Ulk sein müsse, was Goethe hier über die Juden sagt; und darum finden sie, auch wenn sie selber fühlen, wie stark der Augenschein gegen sie spricht, immer wieder eine Ausflucht, um ihr Vorurteil trotzdem zu retten.

Ich sagte schon früher: ich bin kein Goethe-Forscher; ich weiß also auch nicht, ob andere Bearbeiter diese Szene ernster und eindringender behandelt und in Verbindung mit Goethes sonstiger Meinung über die Juden gebracht haben. Ich kann nur diese beiden als Beispiel anführen, weil es die einzigen Bearbeitungen sind, die ich kenne. Immerhin es sind nicht zwei erste Beste; es sind mit die namhaftesten Goethe-Forscher unserer Zeit! So darf ich mit diesen Beispielen belegen, was ich in der Einleitung zu dieser Arbeit schrieb (oben Seite 3): „Gegenüber aller teils interessierten, teils gedankenlosen Verdunkelung, die auch die Fachgelehrten gerade über diesen Gegenstand verbreitet haben; wollen wir der deutschen Nation dazu verhelfen, auf diesem Punkte wenigstens nachträglich die Wahrheit zu sehen, wie sie tatsächlich war."

Und nun kehren wir zum sachlichen Gang unserer Untersuchung wieder zurück.

13. Esther und Mardochai.

Die zweite Szene ist wirklich, was die erste nur gegen Ende hin wird, eine burlesk übertreibende und darum zum Lachen reizende Parodie auf die klassische Tragödie. Aber wichtig ist hier gerade die Beobachtung, daß, wie schon erwähnt, der Goethesche Mardochai ebensowenig wie die Goethesche Esther dem biblischen Vorbild irgendwie entsprechen. Goethe hat es nicht vermocht, einen heroischen Juden zu schildern. Esther ist die gefühllose, geldgierige, putzsüchtige Hofdame, wie sie Goethe aus der Wirklichkeit seines Hofes wohl zur Genüge kannte, und deren Art er hier offen vor der ganzen Hofgesellschaft verspotten wollte — das ist der tiefere Ernst, der auch hinter dieser Possenszene steckt! Und Mardochai ist der gefällige Jude, der durch Borgen und Geschenke, durch neue Kleider, Perlen und Juwelen, durch Schmuggel und Handel den Launen der spielerischen Hofdame frönt und sie damit in seine Macht bekommt. Er ist fett von genießerischem Leben, feige vor dem Tode, um sein Geld mindestens ebenso wie um sein Leben besorgt. Aber er ist zugleich zudringlich, zielbewußt, zäh im Reden und Betteln und damit seines schließlichen Erfolges gewiß.

Auch hier also ist die Sache nicht damit erschöpft, daß man das Possenhafte der Szene anerkennt, so wenig wie man Shakespeares Shylock damit erledigt, daß man ihn eine Lustspiel-Figur nennt. Vielmehr liegt der Ernst dieser Posse eben darin, daß es Wirklichkeiten sind, die durch sie geschildert werden. Das Hofleben mit seinen Nichtigkeiten und die Bedeutung, die der Jude im Hintergrunde gerade dieses Hoflebens hat, ist so, wie es Goethe schildert, wirklich gewesen. In der Karikatur hat er gerade diese Wirklichkeit treffen wollen. Die Meinung, die er über den Juden, sein Wesen und seine Gefahr tatsächlich hatte, hat auch dieser Posse den Inhalt gegeben.

Wir lassen, der Vollständigkeit wegen, auch hier den ganzen Wortlaut folgen (J. A. 7, 183—187):

Mardochai (weinend und schluchzend): O greuliches Geschick! o schreckenvoller Schluß!

O Untat, die dir heut' mein Mund verkünden muß!
Erbärmlich, Königin, muß ich vor dir erscheinen.

Esther: So sag' mir, was du willt und hör nur auf zu weinen!

— 48 —

Mardochai: Hü hü! es hält's mein Herz, hü hü! es hält 's nicht aus.

Esther: Geh, weine dich erst satt, sonst bringst du nichts heraus.

Mardochai: Hü, hü! es wird mir noch hü hü! das Herz zersprengen.

Esther: Was gibt's denn?

Mardochai: U hu hu, ich soll heut' abend hängen!

Esther: Ei, was du sagst, mein Freund! Ei, woher weißt du dies?

Mardochai: Das ist sehr einerlei, genug, es ist gewiß.
Darf denn der Glückliche dem schönsten Tage trauen?
Darf einer denn auf Fels sein Haus geruhig bauen?
Mich machte deine Gunst so sicher, Königin!
Wie zittr' ich, da ich nun von den Verworfnen bin!

Esther: Sag', wen gelüstet's denn, mein Freund, nach deinem Leben?

Mardochai: Der stolze Haman hat's dem König angegeben.
Wenn du dich nicht erbarmst, nicht eilst, mir beizustehn,
Nicht schnell zum König gehst, so ist's um mich geschehn.

IV.

Esther: Die Bitte, armer Mann, kann ich dir nicht ge-
gewähren;
Man kommt zum König nie, er müßt es erst
begehren.
Tritt einer unverlangt dem König vors Gesicht,
Du weißt der Tod steht drauf! Gewiß, dein
Ernst ist's nicht.

Mardochai: O Unvergleichliche, du hast garnichts zu
wagen:
Wer deine Schönheit sieht, der kann dir
nichts versagen;
Und in Gesetzen sind die Strafen nur
gehäuft,
Weil man sonst gar zu grob den König
überläuft.

Esther: Und sollt' ich auch, mein Freund, das Leben nicht
verlieren,
Mich warnt der Vasthi Sturz; ich mag es nicht
probieren.

Mardochai: So ist dir denn der Tod des Freundes
einerlei?

Esther: Allein, was hülf' es dir. Wir stürben alle zwei.

Mardochai: Erhalt mein graues Haupt, Geld, Kinder,
Weib und Ehre!

— 50 —

Esther: Von Herzen gern, wenn's nur nicht so gefährlich wäre.

Mardochai: Ich seh', dein hartes Herz ruf' ich vergebens an.
Gedenk', Undankbare, was ich für dich getan!
Erzogen hab' ich dich von deinen ersten Tagen,
Ich habe dich gelehrt, bei Hof dich zu betragen.
Du hättest lange schon des Königs Gunst verscherzt,
Er hätte lange schon sich satt an dir geherzt;
Du bist oft gar zu grad' und wärest längst verkleinert,
Hätt' ich nicht deine Lieb' und deine Pflicht verfeinert.
Dir kam allein durch mich der König unters Joch,
Und durch mich ganz allein besitzest du ihn noch.

Esther: Von selbsten hab' ich wohl nicht Gunst noch Glück erworben;
Dir dank ich's ganz allein, auch wenn du längst gestorben.

Mardochai: O stürb' ich für mein Volk und unser heilig Land!
Allein ich sterb' umsonst durch die verruchte Hand.
Dort hängt mein graues Haupt, dem ungestümen Regen,
Dem glühenden Sonnenschein und bittern Schnee entgegen!

— 51 —

Dort nascht geschäftig mir, zum Winter-
zeitvertreib,
Ein garstig Rabenvolk das schöne Fett vom
Leib!
Dort schlagen ausgedörrt zuletzt die edlen
Glieder
Von jedem leichten Wind mit Klappern
hin und wieder!
Ein Greuel allem Volk, ein ew'ger Schand-
fleck mir,
Ein Fluch auf Israel, und, Königin —
was dir?

Esther: Gewiß groß Herzeleid! Doch, kann ich es er-
langen,
So sollst du mir nicht lang' am leid'gen Galgen
hangen;
Und mit sorgfält'gem Schmerz vortrefflich bal-
samiert,
Begrab' ich dein Gebein, recht wie es sich ge-
bührt.

Mardochai: Vergebens wirst du dann den treuen
Freund beweinen!
Er wird dir in der Not nicht mehr wie
sonst erscheinen,
Mit keinem Beutel Geld, den du so eifrig
nahmst,
Wenn du mit Schuldverdruß von Spiel und
Handel kamst;
Mit keinem neuen Kleid, noch Perlen und
Juwelen:
Mein Geist erscheint dir leer, und, um dich
recht zu quälen,

— 52 —

Bringt er nur die Gestalt von Schätzen aus der Gruft,
Und wenn du's fassen willst, verschwindet's in die Luft.

Esther: Ei, weißt du was, mein Freund? Bedenke mich am Ende
Mit einem Kapital in deinem Testamente.

Mardochai: Wie gerne tät' ich das, von deiner Huld gerührt!
Doch leider! ist mein Gut auch sämtlich konfiszisiert.
Und dann muß ich den Tod der Brüder auch besorgen!
Kein einz'ger bleibt zurück, dir künftig mehr zu borgen.
Der schöne Handel fällt, es kommt kein Kontreband'
Durch unsre Industrie dir künftig mehr zur Hand.
Die kleinste Zofe wird nichts mehr an dir beneiden;
Dich werden, Mägden gleich, inländ'sche Zeuge kleiden;
Und endlich wirst du so mit hoffnungsloser Pein
Die Sklavin deines Manns und seiner Leute sein!

Esther: Das ist nicht schön von dir! Was brauchst du's mir zu sagen?
Kommt einmal diese Zeit, dann ist es Zeit, zu klagen.
(Weinend): Nein! Wird mir's so ergehn?

— 53 —

Mardochai: Ich schwör' dir, anders nicht!

Esther: Was tu' ich?

Mardochai: Rett' uns noch!

Esther: Ach, geh' mir vom Gesicht!
Ich wollte —

Mardochai: Königin, ich bitte dich, erhöre!
Was willst du?

Esther: Ach ich wollt' — daß alles anders wäre! (Ab.)

Mardochai (allein): Bei Gott! Hier soll mich nicht manch' schönes Wort verdrießen!
Ich laß ihr keine Ruh', sie muß sich doch entschließen.

14. Gründe der Umarbeitung.

Es bleibt schließlich noch die Frage, warum Goethe als er 1778 zur Schaffung eines Geburtstagsspiels für die Herzogin Anna Amalia auf die Dichtung von 1773 zurückgriff, gerade dies Haman-Mardochai-Spiel so gründlich umgearbeitet, besser: völlig neu gearbeitet hat? Hier aber lassen uns die wissenschaftlichen Erklärungen der genannten Gelehrten völlig im Stich.

Max Herrmann, der allein über diese Frage wenigstens einige Sätze gebracht hat, begnügt sich damit, zu begründen, warum das Spiel von 1773 für die Weimarer Hofgesellschaft nicht mehr gepaßt habe: sie wußte von Leuchtenring nichts; zudem hat Goethe eben zuvor die Empfindsamkeit schon in zwei Dichtungen verspottet und „mochte nun wohl nicht das gleiche Wild zum dritten Male tothetzen" (Seite 169). Aber damit ist nicht erklärt, warum er gerade diese Um-

— 54 —

oder Neubearbeitung wählte. Warum hat er überhaupt die Esther-Geschichte beibehalten und nicht irgend etwas anderes eingesetzt? Warum hat er, wenn er sie schon als Gegenstand wählte, nicht den biblischen Standpunkt beibehalten, sondern ihn vielmehr in sein Gegenteil verkehrt. Mardochai und Esther verächtlich, Haman staatsklug, der König doch wenigstens nicht ganz unliebenswert? Ist es nicht Aufgabe eines wissenschaftlichen Kommentars, gerade auf solche vielleicht unbeabsichtigten Umbildungen der Stoffe zu achten und sie zu zergliedern?

Goethe hat kaum je im Leben etwas gedichtet, wozu ihm nicht der Anstoß oder das Gegenbild von außen kam. Er ist Gelegenheitsdichter im größten Stil gewesen. Hat es bestimmte Erlebnisse gegeben, die ihn zu diesem Stoff haben greifen, ihm gerade diese Gestalten im Rahmen der älteren Dichtung völlig neu haben entstehen lassen?

Wir erinnern an die zweite Szene: die Schilderung einer launenhaft-putzsüchtigen, feigen und doch gierigen Hofdame, durch die der Jude seinen Willen durchzusetzen vermag. Dem entspricht in der ersten Szene die arglose Sorglosigkeit des Königs, die ja zunächst durchaus nicht als Schwäche, sondern als ruhiges Kraftbewußtsein geschildert wird. Ist es nicht wie eine Warnung, wenn dies einer Hofgesellschaft im Theater vorgeführt wird? Soll man an den jungen Herzog selber denken? Ist es eine Anspielung an Vorgänge bei anderen Fürstenhöfen in der Nachbarschaft Weimars? Liegen Gedanken zukünftiger Juden-Emanzipation schon in der Luft? Haben Gespräche im Kreise der Hofgesellschaft auf solche Gedanken und solche Warnungen geführt?

Ich vermag solche Fragen nur zu stellen, nicht zu beantworten. Ich bin kein Fachgelehrter für jene Jahre und für die innere Geschichte Goethes und des Weimarer Hofes. Hier müßte einer derjenigen weitersuchen, die im Schiller- und Goethe-Archiv in Weimar auch den noch ungedruckten Stoff zur Hand haben. Die innere Zergliederung der Dichtung selbst jedenfalls führt darauf, daß solche Anläße und Anstöße zu ihrer Entstehung vorhanden gewesen sein müssen.

15. Zerstreute Bemerkungen 1770—1800.

An diese notgedrungener Weise eingehendere Besprechung der Hauptstelle, an der Goethe am meisten im Zusammenhang über das Judentum gesprochen hat, schließen wir die Anführung all der anderen einzelner Aussprüche an, die jeder für sich kurz und zufällig sind und kaum etwas Neues bringen, die in ihrer Gesamtheit aber doch bezeugen, daß die Aussagen Hamans über die Juden nicht Ulk und Uebertreibung, sondern Goethes wahrhaftige Meinung sind. Auch in ihnen mischt sich, wie wir das schon bisher für Goethe als bezeichnend fanden, Achtung und Mißachtung gegenüber dem Judentum in eigenartig verschlungener Weise.

Zunächst stellen wir eine Anzahl zerstreuter Aussprüche aus der ersten Hälfte von Goethes Wirken zusammen:

1. In einer Besprechung in den Frankfurter Gelehrten-Anzeigen aus dem Jahre 1772 über Vaterlandsliebe heißt es, daß nach dem Worte des Themistokles vielmehr die Verhältnisse, als der Boden die nationale Eigenart eines Volkes bestimmen. Daran schließt sich der Satz: „So haben die Juden Nation und Patriotismus, mehr als hundert leibeigene Geschlechter" (J. A. 36, 68). Der Gedanke ist nicht, als sollte dies an den Juden besonders gerühmt werden. Vielmehr ist es nur eine tatsächliche Feststellung, des Inhaltes, daß die Juden auch ohne gemeinsames Land doch ihre gemeinsame Eigenart (Nation) und die Liebe zu ihrer völkischen Eigenart (Patriotismus) in besonders starkem Maße festgehalten haben.

Es ist nicht sicher zu sagen, ob diese Besprechung wirklich von Goethe stammt. Gedanken ähnlicher Art hat Goethe aber auch in Gedichten und Briefen jener Zeit, auch im Werther geäußert (J. A. 36, 311 und 323). Auch der Satz über das Judentum findet in späteren Aussagen Goethes Bestätigung.

2. Wahrscheinlich im ersten Halbjahr 1774 ging Goethe daran, in der Gestalt des „Ewigen Juden", der seit Christi Kreuzigung ruhelos über die Erde wandert, eine Gesamt-

verurteilung der Frömmigkeit und Sittlichkeit seiner Zeit zu schreiben, einschließlich der Herrnhuter Pietisten und der gottesleugnerischen Rationalisten. Der Jude selbst wird dabei nur in den ersten Zeilen der erhaltenen Fragmente geschildert, aber ohne jede Beziehung auf sein Judentum, rein als gegenwärtiger Sektierer und Pietist: „war halb Essener, halb Methodist, Herrnhuter, mehr Separatist, denn er hielt viel auf Kreuz und Qual. Genug, er war ein Original und aus Originalität er andern Narren gleichen tät" (J. A. 3, 233). Für Goethes Beurteilung des Judentums ist also aus diesen Bruchstücken nichts zu entnehmen.

3. Im Pater Brey (Ostern 1774) rühmt sich der Pfaff, daß er auf seinen Reisen allerorten „die Kerls, die wie Wilde leben", mit der Kraft seiner Worte „aus rohen ungewaschenen Leuten, die lebten, wie Juden, Türken und Heiden" zu einer Gemeinde zusammengebracht habe, „die lieben wie Maienlämmlein sich und die Geistesbrüderlein" (Vers 316 bis 326; J. A. 7, 210).

4. Im Clavigo (Mai 1774) heißt es von einem treulosen Geliebten, der nun zur verlassenen Geliebten wieder zurückkehren will: „Just, als wäre diese vortreffliche Seele eine verdächtige Ware, die man am Ende dem Käufer noch nachwirft, wenn er euch schon durch die niedrigsten Gebote und jüdisches Ab- und Zulaufen bis aufs Mark gequält hat" (3. Akt, J. A. 11, Seite 111, Zeile 26 bis 29).

5. Im Urfaust (1775) und so auch im endgültigen Faust (Vers 2842) heißt es nach dem berühmten Worte: „die Kirche hat einen guten Magen, die Kirche allein, meine lieben Frauen, kann ungerechtes Gut verdauen", weiter: „das ist ein allgemeiner Brauch; ein Jud und König kann es auch". (J. A. 13, 232 und 120).

6. In Wilhelm Meisters Lehrjahren heißt es: „Kutten für Zauberer, Juden und Pfaffen" (II, 6); „und stritten, ob es ein Pfaff oder ein Jude sei" (II, 11); „Ihre paar Fittige . . . wenig betragen, und wenn sie an die redlichsten

Juden verkauft würden" (IV, 8); „. . um nicht für einen jüdischen Spion angesehen zu werden" (IV, 11); „Der Jude ist eine stehende Rolle auf der Bühne" (II, 9 und IV, 19). „Nun siehst du doch aus, wie ein Mensch; nur fehlt der Zopf, in den ich deine Haare einzubinden bitte; sonst hält man dich denn doch einmal unterwegs als Juden an und fordert Zoll und Geleite von dir" (VIII, I). (Zusammenstellung aus Zeittler. Goethe-Handbuch, Artikel Judentum.) — Dazu kommt noch die Erwähnung eines Galanteriehändlers, „der seine Pappen, Kasten, Schachteln unbarmherzig eine nach der andern eröffnete und jede Sorte seiner Waren mit einer diesem Geschlechte eigenen Zudringlichkeit vorwies", der also wohl auch als jüdischer Hausierer zu denken ist (III, 5; J. A. 17, 190).

7. Mitten in der Arbeit an Wilhelm Meister schreibt Goethe an Charlotte von Stein (28. Oktober 1782): „Meiner L. einen guten Morgen zu sagen, hat mich allerley, zuletzt der Jude Ephraim abgehalten. — Von ihm zu erzählen, wird mir ein Spaß sein. Bald hab' ich das Bedeutende der Judenheit zusammen, und habe große Lust, in meinen Roman auch einen Juden anzubringen. Adieu". (Goethes Briefe an Charlotte von Stein, herausgegeben von Julius Petersen. Insel-Verlag 1907, II, Seite 201 f.)

Dieser Besuch des Juden Ephraim kann nicht vereinzelt gewesen sein. Der Mann ist auch der Empfängerin offenbar bekannt. Goethe muß öfter Besuche solcher Juden empfangen haben; sonst könnte er nicht sagen, daß er das Bedeutende der Judenheit nun bald beisammen habe. Sind hier Spuren, die der Fachgelehrte weiter zu verfolgen vermag? Ist hier ein Weg, die zum „Jahrmarktsfest" von 1778 gestellten Fragen (siehe oben Abschnitt 14) zu beantworten?

Die Absicht, einen Juden in seinen Roman hineinzubringen, hat Goethe doch nicht ausgeführt. Abgesehen vom „Jahrmarktsfest" hat er Juden nicht gestaltet. Wir werden später hören, warum.

8. In einem Brief an Christiane heißt es am 3. Januar 1797 von einem Juden, der ihn hatte betrügen wollen, dieser habe „als ein wahrer Jude“ gehandelt. (Weimarer Ausgabe, Briefe 12, Seite 4.)

16. Weiteres über das Alte Testament (1770—1800).

Wir haben früher die Darstellung erwähnt, die Goethe in Dichtung und Wahrheit über die Sagen des ersten Buches Mose giebt, und die, wenn auch nicht in der Form, so doch in der Sache jedenfalls auf Aufzeichnungen aus seiner späteren Knabenzeit zurückgeht (siehe oben Ziffer 4, Seite 9—12). Die Arbeiten am Alten Testament hat er auch weiterhin fortgesetzt. Ich stelle zusammen, was ich an Aussagen darüber kenne.

Der Aufsatz „Zwo wichtige bisher unerörterte Biblische Fragen, zum erstenmal gründlich beantwortet von einem Landgeistlichen in Schwaben“, datiert 6. Februar 1773, zuerst gedruckt 1773, wurde ebenfalls schon erwähnt (Ziffer 5, Seite 12—13), insoweit er einen allgemeinen Satz über das Judentum enthält und über die Frage, ob Jesus aus dem Judentum zu begreifen sei. Hier sei er noch einmal berührt als Beweis dafür, wie sehr Goethe auch in die rein wissenschaftliche, geschichtlich-sprachliche Erforschung des Alten Testaments eingedrungen ist. Die erste dieser Fragen ist nämlich die, was auf den Gesetzestafeln des Mose ursprünglich gestanden habe. Er gewinnt als Erster, und auf ein Jahrhundert von der Fachwissenschaft unbeachtet, die Erkenntnis, daß nicht die uns geläufige Form der Zehn Gebote (2. Mose 20), sondern die rein kultische Formel von 2. Mose 34 die Urform der Zehn Gebote sei. (J. A. 36, 98—102).

Dieser Aufsatz ist offenbar ein Stück aus einer größeren Reihe von Plänen, Vorarbeiten und Entwürfen. Etwa 20 Jahre später hat Goethe einen Aufsatz über „Israel in der Wüste“ geschrieben, von dem er sagt, daß er „auf noch ältere Papiere und Vorarbeiten sich stütze“. (J. A. 5, 246.)

Im Aufsatz selbst heißt es: „..... indem ich gegenwärtig nicht in der Lage bin, jene Studien nochmals vorzunehmen, sondern, was ich hieraus aufzustellen gedenke, aus früheren und späteren Papieren, wie es der Augenblick erlaubt, zusammentrage." (J. A. 5, 249.) Diese früheren Papiere sind offenbar gleichzeitig mit jener Arbeit über die Urform der Zehn Gebote entstanden.

Aus den folgenden Jahren zeigt eine zufällige Tagebuchbemerkung, daß er gelegentlich immer wieder zum Alten Testament zurückgekehrt ist: „Am dicken Backen gepflegt; das Buch Hiob gelesen" (5. September 1777).

Dann stockt die Beschäftigung offenbar Jahre lang. Die Griechen und die italienische Reise treten dazwischen. Das Alte Testament tritt ihm demgegenüber auch seinem Werte nach auf Zeit völlig zurück.

Es ist ein Gespräch überliefert, das er um 1790 gehabt haben soll. Aus ihm spricht geradezu ein Ekel an den Alttestamentlichen Stoffen, wie wir ihn sonst weder aus früherer noch aus späterer Zeit bei ihm kennen: „Beim erneuerten Studium Homers empfinde ich erst ganz, welches unnennbare Unheil der jüdische Praß uns zugefügt hat. Hätten wir die Sodomitereien und aegyptisch-babylonischen Grillen (?) nie kennen lernen, und wäre Homer unsere Bibel geblieben, welch eine ganz andere Gestalt würde die Menschheit dadurch gewonnen haben!" (Nr. 92 der kleinen, Nr. 413 der großen Biedermannschen Ausgabe).

Es ist ein Gedanke, wie ihn Goethe meines Wissens sonst nicht wieder ausgesprochen hat. Was wir später aus den Vorarbeiten für ein deutsches Volksbuch und aus den Wanderjahren beibringen werden, liegt immerhin auf diesem Wege. Aber ein Geist, der so wie Goethe auf Ehrfurcht, auf Halten auf Ueberlieferung und Geschichte, und auf Abfinden mit dem einmal Gegebenen abgestimmt war, konnte den Gedanken im Ernst nicht weiter verfolgen, der eine Verurteilung unserer ganzen bisherigen Volkserziehung seit tausend Jahren und den Entschluß zu völlig neuen Wegen bedeutet hätte. Immerhin, es ist wichtig, zu wissen, daß selbst Goethe, der noch ganz in der Biblischen Gedankenwelt und Sprache aufgewachsen war, gelegentlich bis an die Grenze streifte, diese ganze Welt der griechischen — die deutsche Vorwelt kannte er ja noch nicht! — gegenüber zu verwerfen. —

Wenige Jahre später muß der bereits erwähnte Aufsatz über „Israel in der Wüste" geschrieben worden sein. Er atmet noch einigermaßen diese Stimmung, beweist aber doch, daß Goethe sich den alten unvollendet gebliebenen Arbeiten über das zweite bis fünfte Buch Mose wieder zugewendet hat. Veröffentlicht hat ihn Goethe erst 1819, in den Noten zum West-östlichen Divan; aber er sagt da (J. A. 5, 246), daß er vor 25 Jahren geschrieben worden sei. Da der Divan mitsamt den Noten zwischen 1814 und 1817 entstanden ist, würde das in die Zeit von 1790 bis 1794 führen.

Wieder aus etwas späterer Zeit beweist ein Bericht des Orientalisten Paulus, Professors an der Universität Jena, Goethes fortdauernde Anteilnahme an der wissenschaftlichen Bearbeitung des Alten Testamentes. Paulus sagt: „Auch auf die psychologisch-historischen Resultate meiner orientalisch-theologischen Studien achtete er, als auf Früchte genauer altertümlicher Lokal- und Zeitkenntnisse, wie ein Brief an Schiller dies bezeichnete, teilnehmend." (Nr. 368 der kleinen, 3084 der großen Biedermannschen Sammlung.) Anschließend daran erwähnt Paulus Goethes hebräische Kenntnisse und die früheren Arbeiten zu den Büchern Mose, von denen er offenbar mehr als die „Zwo Fragen" gekannt hat. Er nennt Goethe geradezu einen ins Altertum zurückblickenden Sprachgelehrten.

Der Aufsatz über „Israel in der Wüste", den Goethe fünfundzwanzig Jahre später für wert hielt, in seine orientalischen Studien aufgenommen zu werden, ist es wert, hier noch genauer besprochen zu werden.

17. „Israel in der Wüste" (1793).

Während Goethe die Vätergeschichten fast restlos mit Ehrfurcht und Liebe betrachtet hatte, zeigt der Aufsatz über diese Mose-Geschichten ein starkes Unbehagen und starke Ablehnung dieser Stoffe.

— 61 —

Schon äußerlich tadelt er immer wieder die zu behandelnden Schriften: „Durch sonderbar, ja unglücklich redigierte Bücher mühsam durcharbeiten,“ „manches dabei zu erinnern, manches daraus zu entfernen für nötig finden.“ — „Durch eine höchst traurige, unbegreifliche Redaktion ganz ungenießbar“; ein Labyrinth! (J. A. 5, 247, 248, 249).

Wichtiger ist, daß der Stoff dieser Bücher selbst ihm verworren, ungemütlich und unfruchtbar erscheint, ganz im Gegensatz zu der lichten Art dessen, was das Erste Buch Mose berichtet. In diesem Zusammenhang stehen die berühmten Worte:

„Das eigentliche, einzige und tiefste Thema der Welt- und Menschengeschichte, dem alle übrigen untergeordnet sind, bleibt der Konflikt des Unglaubens mit dem Glauben. Alle Epochen, in welchen der Glaube herrscht, unter welcher Gestalt er auch wolle, sind glänzend, herzerhebend und fruchtbar für Mitwelt und Nachwelt. Alle Epochen dagegen, in welchen der Unglaube, in welcher Form es sei, einen kümmerlichen Sieg behauptet, und wenn sie auch einen Augenblick mit einem Scheinglanze prahlen sollten, verschwinden vor der Nachwelt, weil sich niemand gern mit der Erkenntnis des Unfruchtbaren abquälen mag.“

Dieser allgemeine Grundsatz wird nun auf den Stoff des 2. bis 5. Buches Mose angewendet und daraus ihr Unangenehmes im Unterschied zum 1. Buche erklärt:

„Die vier letzten Bücher Mosis haben, wenn uns das Erste den Triumph des Glaubens darstellte, den Unglauben zum Thema, der auf die kleinlichste Weise den Glauben, der sich aber freilich auch nicht in seiner ganzen Fülle zeigt, zwar nicht bestreitet und bekämpft, jedoch sich ihm von Schritt zu Schritt in den Weg schiebt und oft durch Wohltaten, öfter aber noch durch greuliche Strafen nicht geheilt, nicht ausgerottet, sondern nur augenblicklich beschwichtigt wird und deshalb seinen schleichenden Gang dergestalt immer fortsetzt, daß ein großes, edles, auf die herrlichsten Verheißungen eines zuverlässigen Nationalgottes unternommenes Geschäft gleich in seinem Anfange zu scheitern droht und auch niemals in seiner ganzen Fülle vollendet werden kann.“

— 62 —

In der Darstellung im einzelnen tritt neben der Halsstarrigkeit und Glaubenslosigkeit des Volkes vor allem Moses Grausamkeit, Wildheit, Verschlossenheit bezeichnend hervor. Die Tötung der Erstgeburt ganz Aegyptens durch Jahwe erscheint in Goethes Darstellung als eine „umgekehrte sizilianische Vesper": „Der Fremde ermordet den Einheimischen, der Gast den Wirt, und geleitet durch eine grausame Politik, erschlägt man nur den Erstgeborenen, um in einem Lande, wo die Erstgeburt so viele Rechte genießt, den Eigennutz der Nachgeborenen zu beschäftigen und der augenblicklichen Rache durch eine eilige Flucht zu entgehen" (252).

Der Unterschied der Stimmung dieser Geschichten von den Vätersagen wird auch an der Gotteserscheinung selbst anschaulich gemacht:

„Der heitere Nachthimmel, von unendlichen Sternen glühend, auf welchen Abraham von seinem Gott hingewiesen worden, breitet nicht mehr sein goldenes Gezelt über uns aus; anstatt jenen heiteren Himmelslichtern zu gleichen, bewegt sich ein unzählbares Volk mißmutig in einer traurigen Wüste. Alle fröhlichen Phänomene sind verschwunden, nur Feuerflammen erscheinen an allen Ecken und Enden. Der Herr, der aus einem brennenden Busche Mosen berufen hatte, zieht nun vor der Masse her in einem trüben Glutqualm, den man tags für eine Wolkensäule, nachts als ein Feuermeteor ansprechen kann. Aus dem umwölkten Gipfel Sinais schrecken Blitz und Donner, und bei gering scheinenden Vergehen brechen Flammen aus dem Boden und verzehren die Enden des Lagers. Speise und Trank ermangeln immer aufs neue, und der unmutige Volkswunsch nach Rückkehr wird nur bänglicher, je weniger ihr Führer sich gründlich zu helfen weiß" (253 f.).

Derselbe Gegensatz erscheint dann wieder in dem Vergleich der Midianiter, eines freien Wüstenvolkes, mit den Israeliten: „Ein Volk, wie die Midianiter, das frei seiner Bestimmung nachgeht und seine Kräfte in Uebung zu setzen Gelegenheit findet, muß gebildeter sein als ein solches, das unter fremdem Joche in ewigem Widerstreit mit sich selbst und den Umständen lebt; und wieviel höherer Ansichten mußte ein Führer jenes Volkes fähig sein als ein trübsinniger, in sich selbst verschlossener rechtschaffener Mann, der sich zwar zum Tun und Herrschen geboren fühlt, dem aber die Natur zu solchem gefährlichen Handwerke die Werkzeuge versagt hat" (254).

Die Erinnerung an das Ghetto-Leben in der Frankfurter Judenstadt, das der Dichter ja in seiner Jugend gut gekannt hat, bricht hier unverkennbar durch. Die Juden dieser Erzählungen sind ihm unangenehm. Er fühlt an diesen Geschichten den ausgeprägt jüdischen Charakter derer, die sie schufen: Enge, Knechtsinn, inneren Streit, Grausamkeit, Betrug, Glaubenslosigkeit, das heißt: einen nur auf Aeußeres, Sichtbares, Augenblickliches gerichteten Sinn.

So verliert ihm auch Mose jede persönliche oder religiöse Bedeutung. Im Folgenden wird von ihm gesagt: er hatte „noch weniger Feldherrn- als Regententalente"; er „weiß sich wieder nicht zu helfen"; die ewigen Meutereien „geben Zeugnis, wie wenig Moses seinem großen Berufe gewachsen war" (256 f.). Zum Schluß wird auch sein Tod gedeutet als ein heimlich Bei-Seite-Geschafft-Werden durch zwei bessere Feldherren: „Wir müßten uns sehr irren, wenn nicht Josua und Kaleb die seit einigen Jahren ertragene Regentschaft eines beschränkten Mannes zu endigen und ihn so vielen Unglücklichen, die er vorausgeschickt, nachzusenden für gut befunden hätten, um der Sache ein Ende zu machen und mit Ernst sich in den Besitz des ganzen rechten Jordan-Ufers und des darin gelegenen Landes zu setzen" (258).

Man vergleiche als Gegenstück das Riesenstandbild des Mose von Michel Angelo, und man wird ermessen, wie wenig Goethe trotz alles Einfühlens in die Bibel vermocht hat, diesen Erzählungen auch nur eine Spur von Größe abzugewinnen.

Den heutigen Leser, der die geschichtliche Erforschung des Alten Testamentes einigermaßen kennt, wird an diesen Ausführungen Goethes am meisten berühren die geniale Anstinktsicherheit der Anschauung, mit der Goethe den Unterschied zwischen den Abraham- oder Joseph- und den Mosesagen herausgefühlt hat. Man stand ja damals kaum in den ersten Anfängen einer wirklichen geschichtlichen Zergliederung des Alten Testaments und die wirkliche israelitisch-judaeische Geschichte, wie sie heute ziemlich klar vor unseren Augen liegt, war den Damaligen noch ganz verborgen. Trotzdem hat Goethe durchaus richtig herausgefühlt, daß jener stille, freie, fromme Mann, der die Abraham-Dichtungen schuf, mit dem Judentum, das in den Mose-Erzählungen lebt, noch kaum irgendetwas gemein hat. Das Judentum ist, geschichtlich betrachtet, die Verkümmerung und Entartung einer ursprünglich groß und frei gedachten Religion. Von dieser sind auch im Alten Testament noch reichlichere Reste vorhanden. Also muß man, will man den religiösen Wert des Alten Testaments abschätzen, streng zwischen jenen stolzen und lichten Anfängen und dem düsteren und engen Ausgang unterscheiden.

Daß Goethe das getan hat, obgleich er von jener eigentlich geschichtlichen Auffassung noch keine Ahnung hatte, gibt seinen Ausführungen dauernden Wert auch für die heute im einzelnen ganz anders laufende Darstellung des alttestamentlichen Schrifttums.

V.

18. Gesamturteil über die Bibel. (1807.)

An einer Stelle, wo man es sicher am wenigsten vermutet, steht das ausgreifendste und ausgereifteste Urteil Goethes über die Bibel, nämlich in der Geschichte der Farbenlehre, dritte Abteilung, Ueberliefertes. Der Begleitbrief dieser Schrift ist Januar 1808 gezeichnet; der Text des Buches selbst ist in den Jahren davor geschrieben.

Als Faden, der aus der alten Welt in die neue herüberreicht, betrachtet Goethe die Bibel, Plato und Aristoteles. Ueber die Bibel sagt er:

„Jene große Verehrung, welche der Bibel von vielen Völkern und Geschlechtern der Erde gewidmet worden, verdankt sie ihrem inneren Wert. Sie ist nicht etwa nur ein Volksbuch, sondern das Buch der Völker, weil sie die Schicksale eines Volkes zum Symbol aller übrigen aufstellt, die Geschichte desselben an die Entstehung der Welt anknüpft und durch eine Stufenreihe irdischer und geistiger Entwickelungen, notwendiger und zufälliger Ereignisse bis in die entferntesten Regionen der äußersten Ewigkeiten hinausführt."

Er rühmt, daß die Bibel allein schon genüge als Erziehungsbuch, um einen trefflichen Menschen tüchtig heraufzubilden; er hebt besonders hervor, wie hier „der geschichtliche Vortrag mit dem Lehrvortrage dergestalt innig verknüpft ist, daß einer dem andern auf- und nachhilft, wie vielleicht in keinem anderen Buche. Und was den Inhalt betrifft, so wäre nur wenig hinzuzufügen, um ihn bis auf den heutigen Tag durchaus vollständig zu machen. Wenn man dem Alten Testamente einen Auszug aus Josephus beifügte, um die jüdische Geschichte bis zur Zerstörung Jerusalems fortzuführen; wenn man, nach der Apostelgeschichte, eine gedrängte Darstellung der Ausbreitung des Christentums und der Zerstreuung des Judentums durch die Welt, bis auf die letzten treuen Missionsbemühungen apostelähnlicher Männer, bis auf den neuesten Schacher- und Wucherbetrieb der Nachkommen Abrahams, einschaltete, . . .; so verdiente dieses Werk gleich gegenwärtig wieder in seinen Rang einzutreten, nicht nur als allgemeines Buch, sondern auch als allgemeine Bibliothek der Völker zu gelten, und es würde gewiß, je höher die Jahrhunderte an Bildung steigen, immer mehr zum Teil als Fundament, zum Teil als Werkzeug der Erziehung, freilich nicht von naseweisen, sondern von wahrhaft weisen Menschen, genutzt werden können."

Später wird dann noch einmal die „Selbständigkeit, wunderbare Originalität, Vielseitigkeit, Totalität, ja Unermeßlichkeit ihres Inhaltes" gerühmt. (J. A. 40, 132—137.)

19. Aus den Vorarbeiten zu einer deutschen Bibel (1808).

Nach dem Zusammenbruch der Deutschen gegenüber Napoleon wurde Goethe vorübergehend mit einem Plan von ganz besonderer Art befaßt. Niethammer, der aus seiner Jenaer Zeit Goethe kannte, und oft in langen Gesprächen von ihm gelernt hatte, schrieb als bayrischer Ministerialbeamter unter dem 22. Juni 1808 an Goethe ein langes Aktenstück: „Vortrag, das Bedürfnis eines Nationalbuches als Grundlage der allgemeinen Bildung der Nation betr." Sein Antrag ging, im Auftrage seiner Regierung dahin, Goethe und Voß zur Abfassung oder Zusammenstellung eines solchen Werkes anzuregen. Goethe antwortete vorläufig am 8., endgültig am 19. August und schickte einige Grundsätze über ein „lyrisches Volksbuch" mit, indem er die allgemeiner gehaltene Anfrage bewußt auf die Aufgabe begrenzte, eine Sammlung wertvoller, aber volkstümlicher lyrischer Gedichte zu machen, die der Hebung des künstlerischen Geschmackes dienen sollte.

Zwischenein aber hatte er, wie der von ihm selbst geordnete und aufbewahrte Nachlaß beweist, die Aufgabe größer gefaßt und einige Gedanken für ein Unternehmen zusammengetragen, das er betitelte: „Schema zu einem Volksbuch historischen Inhaltes". Er stellt es unmittelbar neben Homer und die Bibel. Es soll auf den Charakter und nicht auf den Geschmack wirken. Es soll einen bedeutenden Gehalt haben, das Rechte, das Tüchtige aller Zeiten und Länder umfassen, vom höchsten Standpunkt aus geschrieben sein: „Biblische Form als Symbol. Die höchste Form einer solchen Sammlung finden wir in der Bibel."

In diesem Zusammenhang, als Skizze für diese deutsche Bibel, hat Goethe noch einmal zusammenfassend über das Jüdische Volk geschrieben:

„Jüdisches Volk. Das jüdische Volk als günstigstes, um eine Weltgeschichte in unserm Sinne anzureihen. Von der Kosmogonie (Weltentstehung). Durch die dichterischen Zeitalter der unschuldigen Kindheit. Aufkommen eines Volkes. Verbreitung desselben. Regimentsverfassung durch alle Grade. Verhältnis nach außen, nach innen. Disproportioniertes Verhältnis des Volkes gegen die Weltmasse. Schwanken in den Maximen, religiösen, politischen. Auflösung von innen. Auflösung durch äußere Anlässe. Wiederherstellung durch Dauer und Hartnäckigkeit. Konflikt, Unruhe, Starrsinn. Lokaler Untergang. Volksmasse vorsätzlich vernichtet. Verschlagen in die Weltmasse. Und doch wieder auftauchend. Noch fortlebend. Fortwirkend. Noch immer, mit Ermangelung aller alten Tugenden, bei Gegenwart aller früheren Fehler, zeigt es einen bestimmten Charakter und ein entschiedenes Talent.". (Weimarer Ausgabe, Band 42, 2. Abteilung, Seite 422.)

Im Anschluß daran wird kurz angedeutet wie eine Weltgeschichte sich an diese Volksgeschichte anreihen lasse: die Berührungen des jüdischen Volkes mit Aegyptern, Babyloniern, Phöniziern, Griechen, Römern geben den Faden.

Dann soll die mittelalterliche und neuere Geschichte ebenso am Faden der deutschen Volksentwickelung aufgereiht werden. Juden und Deutsche erscheinen somit als die beiden Grundvölker, als die Gegenpole der geschichtlichen Entwickelung.

Merkwürdig sind bei der Darstellung der für Goethe neuesten Zeit mehrere Ausdrücke: einmal stehen als letzte Worte, die die Entwicklung abschließend skizzieren sollen: „Großheit der neueren Weltansicht. Dem Individuum daraus hinauszuhelfen. Neues Jerusalem.“ (Seite 426.) Dann folgt nochmals eine Zusammenfassung über die „Kultur des achtzehnten Jahrhunderts“. Und auch sie schließt mit den Worten: „Aussichten auf Zukunft. Neues Jerusalem.“ Darauf folgen unmittelbar folgende Worte: „Ziel und Zweck. Erreichbarer im Besonderen. Deutsche. Fremde. Juden.“ (Seite 426.)

Diese Andeutungen können im Zusammenhang des Ganzen nur so verstanden werden, daß Goethe das neue Jerusalem der Zukunft, das heißt: das Einströmen des Judentums in das Schrifttum, die Kunst, die Gesellschaft und den Staat der neueren Völker als eine besondere Gefahr empfand, der dieses deutsche Volksbuch entgegenarbeiten, vor der es warnen sollte. Erinnern wir uns, was er früher über die „Empfindsamen aus Judaea“ und über Moses Mendelssohn gesagt hat, so werden wir vielleicht noch einige andere Ausdrücke der Skizze hierher ziehen dürfen. Bei der ersten Skizze der neueren Entwickelung heißt es: „Neuestes. Schmeichelt der Schwächlichkeit. Aeußert sich in Velleitäten. Das Sentimentale Velleität nach dem Sittlichen. Das Lüsterne Velleität nach nach dem Sinnlichen. Beides Ingredienzien, die ersten und meisten, aller modernen Schriften, davon in einem Volksbuche keine Spur sein sollte.“ (Seite 420.) Das Sentimentale und das Lüsterne also sah Goethe als den eigentlichen Charakter des Neuesten an. Beides aber ist das eigentliche Wesen desjenigen jüdischen Geistes, der mit seiner eigenen Religion zerfallen ist und an unser Wesen keinen Anschluß zu finden vermag.

Diese Andeutungen Goethes über das Neue Jerusalem als unsere Zukunft und Gefahr gewinnen dadurch noch ein besonderes Gewicht, daß er gerade im Frühjahr desselben Jahres sich mit den Bestrebungen der Frankfurter Judenschaft auf Emanzipation und Eindringen in die Gesellschaft näher beschäftigt, freilich dabei auch diese Bestrebungen als Humanitätssalbaderei rundweg abgelehnt hatte. Darüber unterrichten uns einige Briefe, die er Anfang 1808 an Bettina Brentano geschrieben hat.

20. Briefwechsel mit Bettina Brentano (1808).

Bettina Brentano, die in Frankfurt wohnte, hatte Goethe auch über die dortige Bewegung zur Hebung des Judentums und zur Einführung des Judentums in die bürgerliche Gesellschaft der Stadt unterrichtet. Darüber schreibt Goethe am 24. Februar 1808:

„Senden Sie mir doch gelegentlich die jüdischen Broschüren. Ich möchte doch sehen, wie sich die modernen Israeliten gegen die neue Städtigkeit geberden, in der man sie freilich als wahre Juden und ehemalige kaiserliche Kammerknechte tractiert. Mögen Sie etwas von den christlichen Erziehungsplänen beilegen, so soll auch das unsern Dank vermehren." (Weimarer Ausgabe, 4. Abt., Band 20, Seite 22.)

Am 3. April bestätigt Goethe den Empfang der gewünschten Schriften:

„Die Dokumente philanthropischer Christen- und Judenschaft sind glücklich angekommen, und Ihnen soll dafür, liebe kleine Freundin, der beste Dank werden. Es ist recht wunderlich, daß man eben zur Zeit, da so viele Menschen todtgeschlagen werden, die übrigen aufs beste und zierlichste auszuputzen sucht. Fahren Sie fort, mir von diesen heilsamen Anstalten, als Beschützerin derselben, von Zeit zu Zeit Nachricht zu geben. Dem Braunschweigischen Juden Heiland ziemt es wohl, sein Volk anzusehen, wie es sein und werden sollte; dem Fürsten Primas ist aber auch nicht zu verdenken, daß er dies Geschlecht behandelt wie es ist,

— 70 —

und wie es noch eine Weile bleiben wird. Machen Sie mir doch eine Schilderung von Herrn Molitor. Wenn der Mann so vernünftig wirkt, als er schreibt, so muß er viel Gutes erschaffen“ (ebenda, Seite 42).

Ueber Molitor sagen die Anmerkungen der Weimarer Ausgabe, daß er damals Vorstand des Frankfurter Philanthropins zur Hebung der Judenschaft gewesen sei (Seite 377).

Am 20. April 1808 schreibt Goethe wieder über eine Schrift, die ihm Bettina geschickt hat. Es handelt sich offenbar um eine Schrift gegen die Juden, die Goethes Beifall findet.

„Es war mir sehr angenehm zu sehen, daß man dem Finanzgeheimerätlichen, Jacobinischen Israels Sohn so tüchtig nach Hause geleuchtet hat. Können Sie mir den Verfasser der kleinen Schrift wohl nennen? Es sind treffliche einzelne Stellen drin, die in einem Plaidoyé von Beaumarchais wohl hätten Platz finden können. Leider ist das ganze nicht rasch, kühn und lustig genug geschrieben, wie es hätte sein müssen, um jenen Humanitätssalbader vor der ganzen Welt ein für allemal lächerlich zu machen. Nun bitte ich aber noch um die Judenstätigkeit selbst, damit ich ja nicht zu bitten und zu verlangen aufhöre.

Was Sie mir von Molitor zu sagen gedenken, wird mir sehr angenehm sein. Auch durch das letzte, was Sie von ihm schicken, wird er mir merkwürdig, besonders durch das was er von der Pestalozzischen Methode sagt“ (ebenda, Seite 50).

Bezeichnend ist, daß er den Bestrebungen auf Hebung des Judentums kein Vertrauen schenkt. Man soll dieses Geschlecht behandeln wie es ist, und wie es noch eine Weile bleiben wird. Alles andere erscheint ihm Humanitätssalbaderei, wobei er freilich verständlich findet, daß die Juden selbst die Sache anders anzusehen wünschen.

In den späteren Briefen dieses und des folgenden Jahres an Bettina kommt Goethe auf diese Fragen nicht mehr zurück. Der Briefwechsel ist rein persönlichen Dingen gewidmet.

21. Bankier Laemel (1811).

Drei Jahre später, Mai 1811, lernte Goethe in Karlsbad den jüdischen Bankier Simon von Laemel aus Prag kennen. Sie sprachen zunächst über die jüdische Synagoge in Prag, rein als Bauwerk. Laemel brachte aber sehr bald das Gespräch auch auf die Judenfrage überhaupt: „Der Schiller, Ew. Exzellenz, hat uns Juden mit seiner Abhandlung „Die Sendung Mosis" sehr wehgetan, und was das Schlimmste ist, er hat uns gekränkt, weil er die Sache gar nicht verstanden hat."

Goethe ging darauf nicht ein, sprach aber über seine persönliche Entwicklung in Bezug auf die Judenfrage: „Der Eindruck, den ich in früher Jugend in meiner Vaterstadt empfing, war mir ein mehr erschreckender. Die Gestalten der engen und finsteren Judenstadt waren mir gar sehr befremdliche und unverständliche Erscheinungen, die meine Phantasie beschäftigten, und ich konnte gar nicht begreifen, wie dieses Volk das merkwürdigste Buch der Welt aus sich heraus geschrieben hat. Was sich allerdings in meiner früheren Jugend als Abscheu gegen die Juden in mir regte, war mehr Scheu vor dem Rätselhaften, vor dem Unschönen. Meine Verachtung, die ich wohl zu hegen pflegte, war mehr der Reflex der mich umgebenden christlichen Männer und Frauen. Erst später, als ich viele geistbegabte, feinfühlige Männer dieses Stammes kennen lernte, gesellte sich Achtung zu der Bewunderung, die ich für das bibelschöpferische Volk hege, und für den Dichter, der das hohe Liebeslied gesungen. Beide Bücher haben mich mannigfach beschäftigt." (Bode, Goethes Gedanken aus seinen mündlichen Aeußerungen zusammengestellt. 1907. Band 1, Seite 449.)

Es ist das ausführlichste Gespräch Goethes mit einem Juden, das meines Wissens überliefert ist. Auffallend ist, daß Goethe hier in so starken Worten wie Verachtung und Abscheu seine Jugendstimmung gegen die Juden schildert. Das stimmt durchaus nicht zu dem Bilde, das er selbst wenige Jahre später von dieser Stimmung in Dichtung und Wahrheit gezeichnet hat. Das Gefühl der Fremdartigkeit, Ja; aber Abscheu und Verachtung? Nein. Im

— 72 —

Gegenteil, es lockt ihn das Rätselhafte, Geheimnisvolle, Verborgene; er dringt in die Zeremonien, die Sprache, die Anschauungen ein; er wird in den Familien freundlich aufgenommen; er begegnet Judenmädchen Sonntags nachmittags auf dem Anger (Siehe oben Seite 5 bis 7).

Anderseits fällt auf, daß er hier eine Wandlung seiner Ansichten zugegeben und davon gesprochen haben soll, daß er viele geistbegabte feinfühlige Männer dieses Stammes kennen gelernt habe. Was wir sonst von seinen Urteilen über solche persönlichen Begegnungen hören (siehe z. B. oben Seite 57, Ziffer 7), spricht nicht gerade für dieses Urteil.

Die Vermutung liegt nahe, daß entweder Goethe selbst im Gespräch mit dem jüdischen Bankier seine Meinung höflich verschleiert hat, oder daß dieser unbewußt mehr herausgehört hat, als Goethe sagen wollte. Jedenfalls hat er aus Goethes Schweigen über Schillers Darstellung der Ghetto-Kultur seinerseits eine Ablehnung dieser Schilderung entnommen, während Goethe an sich dieser Schilderung zugestimmt haben muß, dies aber aus Höflichkeit seinem jüdischen Unterreder gegenüber verschwieg.

Laemel schickte Goethen im nächsten Jahre, als dieser wieder nach Karlsbad kam, einige Flaschen Wein; Goethe bat ihn um Einwechslung von Geld. (Weimarer Ausgabe Band 23, Seite 31. Brief vom 19. Mai 1812.) Ob die Beziehungen auch später noch andauerten, habe ich nicht festgestellt.

22. Ueber alttestamentliche Stoffe in neueren Dichtungen (1812).

In einem Briefe an Zelter vom 19. Mai 1812 spricht Goethe ausführlich über die Frage, ob er oder ein anderer gute alte Mythen aus dem Alten Testament als Gegenstände dramatischer Dichtungen oder Operntexte wählen solle. Die Stelle zeigt wiederum, daß er die Schriften des Alten Testaments mit Ehrfurcht und dichterischer Kraft gelesen hat, und daß er den Zustand des zeitgenössischen Judentums gerade im Gegensatz zu dem verächtlich empfindet, was ihm aus dem Alten Testament entgegengetreten war.

Die Stelle lautet wörtlich: „Zu dem Simson hätte ich im Augenblick kein Zutrauen; die alte Mythe ist eine der ungeheuersten. Eine ganz bestialische Leidenschaft eines überkräftigen, gottbegabten Helden zu dem verfluchtesten Luder, das die Erde trägt; diese rasende Begierde, die ihn immer wieder zu ihr führt, ob er gleich, bei wiederholtem Verrath, sich jedesmal in Gefahr weiß; diese Lüsternheit, die selbst aus der Gefahr entspringt; der mächtige Begriff, den man sich von der übermäßigen Prästanz dieses riesenhaften Weibes machen muß, das im Stande ist, auf den Grad eines solchen Bullen zu fesseln! Sehen sie das an, mein Freund, so wird Ihnen gleich offenbar sein, daß das alles vernichtet werden muß, um nur die Namen, nach den Convenienzen unserer Zeit und unseres Theaters, zu produzieren. Viel rätlicher wäre es, gleich einen Stoff von geringerer specifischer Schwere zu wählen, wo nicht gar einen solchen, der auf dem Elemente des Tags von selber schwämme. Man sehe die Schweizerfamilie und solches Gelichter.

Noch eines andern Bedenkens muß ich erwähnen. Die alttestamentlichen Gegenstände tun bei uns einen ganz wunderlichen Effekt; ich konnte bei Roberts Jephtha und bei Alfieris Saul hierüber Betrachtungen anstellen. Es ist kein Widerwille, der erregt wird, aber es ist gar kein Wille, keine Abneigung, aber eine Unneigung. Jene Mythen, wahrhaft groß, stehen in einer ernsten Ferne respektabel da und unsere Jugendandacht bleibt daran geknüpft. Wie aber jene Heroen in die Gegenwart treten, so fällt uns ein, daß es Juden sind; und wir fühlen einen Kontrast zwischen den Ahnherren und den Enkeln, der uns irre macht und verstimmt. So lege ich mirs in der Geschwindigkeit aus, indem ich der Wirkung jener beiden Stücke genau aufgepaßt habe. Dieses letzte Bedenken würde beseitigt, wenn man die Fabel zu anderen Völkern versetzen wollte. Da entstehen aber wieder neue Schwierigkeiten. Ich denke weiter darüber.“ (Weimarer Ausgabe, 4. Abteilung, Band 23, Seite 24/25.)

23. Noten zum west-östlichen Divan (1817?).

In den Noten zum west-östlichen Divan, die wohl in den Jahren 1815 bis 1817 geschrieben, 1819 veröffentlicht sind, hat Goethe, auch abgesehen von dem schon besprochenen Aufsatz: „Israel in der Wüste", noch mannigfach auf das Alte Testament und das jüdische Volk Bezug genommen. Gleich eingangs gedenkt er der hebräischen Dichtung, die einen großen Teil des Alten Testaments ausmacht, denkt der persönlichen Berührungen mit Herder und Eichhorn, die ihm den Blick für die Schönheit dieser Dichtung erschlossen haben, denkt insonderheit des Buches Ruth und des Hohenliedes als der Perlen der hebräischen Dichtkunst. Letzteres nennt er das „Zarteste und Unnachahmlichste, was uns vom Ausdruck leidenschaftlicher, anmutiger Liebe zugekommen" ist. „Wir beklagen freilich, daß uns die fragmentarisch durcheinander geworfenen, übereinander geschobenen Gedichte keinen vollen, reinen Genuß gewähren, und doch sind wir entzückt, uns in jene Zustände hineinzuahnen, in welchen die Dichtenden gelebt. Durch und durch weht eine milde Luft des lieblichsten Bezirkes von Kanaan; ländlich-trauliche Verhältnisse, Wein-, Garten- und Gewürzbau, etwas von städtischer Beschränkung, sodann aber ein königlicher Hof mit seinen Herrlichkeiten im Hintergrunde. Das Hauptthema jedoch bleibt glühende Neigung jugendlicher Herzen, die sich suchen, finden, abstoßen, anziehen, unter mancherlei höchst einfachen Zuständen."

Er schließt die Betrachtungen über die hebräische Dichtung mit den Worten: „Und so dürfte, Buch für Buch, das Buch aller Bücher dartun, daß es uns deshalb gegeben sei, damit wir uns daran, wie an einer zweiten Welt, versuchen, uns daran verirren, aufklären und ausbilden mögen." (J. A. 5, 149—151.)

An einer späteren Stelle steht eine Vergleichung der jüdischen, arabischen, indischen, griechischen und christlichen Religion. Ueber die jüdische heißt es dabei: „Nicht ganz am unrechten Orte, wird hier die Bemerkung stehen, daß der ursprüngliche Wert einer jeden Religion erst nach Verlauf von Jahrhunderten aus ihren Folgen beurteilt werden kann. Die jüdische Religion wird immer einen gewissen starren Eigensinn, dabei aber auch freieren Klugsinn und lebendige Tätigkeit verbreiten.“ (J. A. 5, 175.) Man darf diese Worte jedoch durchaus nicht nur als Lob betrachten. Andere Aussprüche Goethes beweisen, daß er bei Klugsinn und Tätigkeit weit mehr an die selbstische Betriebsamkeit des Händlers als an selbstlos schöpferische Arbeit an großen Werken gedacht hat.

Später kommt er gelegentlich auf das „Reichsgrundgesetz“ zu sprechen, „welches Gott dem israelitischen Volke, mit dessen allgemeiner Zustimmung in dem Augenblick erteilt, da es ein für allemal einen König wünscht.“ Er fügt hinzu, daß diese Konstitution „freilich uns heutzutag etwas wunderlich scheinen möchte“ und beweist damit wieder seinen geschichtlichen Instinkt. Denn dieses Königsgesetz des Samuel ist in Wirklichkeit eine Dichtung aus der späteren Oppositionszeit, in der im Gegensatz zur altisraelitischen Volkskultur das Judentum seinen Ursprung hat. (J. A. 5, 207—8.)

Bei der Erwähnung seines Lehrers Eichhorn erwähnt Goethe, daß er noch jetzt dasselbe Exemplar eines Buches bei seinen Arbeiten benutzt habe, das ihm dieser vor zweiundvierzig Jahren geschenkt habe (also rund 1775); „Auch die ganze Zeit über bin ich seinem Lehrgange im stillen gefolgt, und in diesen letzten Tagen freue ich mich höchlich, abermals von seiner Hand das höchst wichtige Werk, das uns die Propheten und ihre Zustände aufklärt, vollendet zu erhalten.“ Auch dieser Satz ist ein Zeugnis für Goethes fortgesetztes Weiterarbeiten auch an der wissenschaftlichen Erforschung des Alten Testaments. Dabei sagt er über die Propheten: „Denn was ist erfreulicher für den ruhigverständigen Mann wie für den aufgeregten Dichter, als zu sehen, wie jene gottbegnadeten Männer mit hohem Geiste ihre bewegte Zeitumgebung betrachteten und auf das Wundersam-Bedenkliche, was vorging, strafend, warnend, tröstend und herzerhebend hindeuteten.“ (J. A. 5, 293.) Es ist das einzige Mal, daß Goethe, soweit ich sehe, über die Propheten gesprochen hat. Ihre schöpferische Bedeutung für die Religion hat er offenbar noch nicht herausgefühlt.

24. Letzte Urteile über die Bibel (1815—1832).

Wir stellen im Anschluß an diese Ausführungen noch einige Einzelheiten zusammen, aus denen sich ergibt, wie Goethe auch in den letzten zwanzig Jahren seines Lebens über die Bibel geurteilt hat.

1. Goethe sagt in einem Gespräch mit Boisserée am 3. August 1815, er habe sich die Bibel angeeignet wie das göttliche Angesicht sich auf das Tuch abgedrückt hat. (Biedermann, Kleine Ausgabe 206, Große Ausgabe 1685.)

2. In einem Gespräch fragt Julie von Egloffstein Goethen, ob er denn auch zuweilen in der Bibel lese. Er antwortete lächelnd: „O ja, meine Tochter, aber anders als Ihr." (Biedermann, Kleine Ausgabe 376, Große Ausgabe 3080.)

3. In der Spruchsammlung „Aus Makariens Archiv" in den Wanderjahren (geschrieben Ende Dezember 1825): „Ich bin überzeugt, daß die Bibel immer schöner wird, je mehr man sie versteht, das heißt, je mehr man einsieht und anschaut, daß jedes Wort, das wir allgemein auffassen und im besonderen auf uns anwenden, nach gewissen Umständen, nach Zeit und Ortsverhältnissen einen eignen, besonderen, unmittelbar individuellen Bezug gehabt hat. (Max Hecker, Goethe. Maximen und Reflexionen. Schriften der Goethe-Gesellschaft, 21. Band. 1907. Ziffer 672, Seite 149 und 356.)

4. Aus Kunst und Altertum 1826: „Eigentlich lernen wir nur von Büchern, die wir nicht beurteilen können. Der Autor eines Buches, das wir beurteilen können, müßte von uns lernen. — Deshalb ist die Bibel ein ewig wirksames Buch, weil, so lange die Welt steht, niemand auf-

treten und sagen wird: ich begreife es im ganzen und verstehe es im einzelnen. Wir aber sagen bescheiden: im ganzen ist es ehrwürdig und im einzelnen anwendbar." (Max Hecker, Ziffer 334 und 335. Seite 62.)

5. Ebenda: „Man streitet viel und wird viel streiten über Nutzen und Schaden der Bibelverbreitung. Mir ist klar: schaden wird sie wie bisher, dogmatisch und phantastisch gebraucht; nützen wie bisher, didaktisch und gefühlvoll genommen." (Max Hecker, Ziffer 373. Seite 70.)

6. In einem naturwissenschaftlichen Gespräch mit Falk zeigte Goethe diesem einen alten Stein und sagte: „Glauben Sie nur: hier ist ein Stück von der ältesten Urkunde des Menschengeschlechts". Dieser Ausdruck ist bei Schiller und auch bei Goethe selbst in seiner Jugend eine Bezeichnung für die Fünf Bücher Mose. Wenn er ihn jetzt auf die Gesteinskunde anwenden kann, so beweist das, daß er die Auffassung vom höchsten Alter der mosaischen Schriften nicht mehr hatte. (Biedermann, Kleine Ausgabe 377, Große 3092.)

7. Am 22. März 1831 besuchte ihn der neuernannte außerordentliche Professor für Altes Testament und orientalische Sprachen in Jena, Stickel. Goethe sprach über seine hebräischen Studien, über Stickels Unterrichtsmethode und über Arabisch. Er verblüffte den jungen Gelehrten durch seine genauen Sprachkenntnisse und sein gutes Gedächtnis. (Biedermann. Kleine Ausgabe 351, Große 2941.)

8. Goethes letztes großes religiöses Gespräch mit Eckermann (11. März 1832) wandte sich auch mehrfach der Bibel zu. Goethe bemerkt, daß die kirchliche Dogmatik dem ganzen wirklichen lebendigen Inhalt der biblischen Bücher nicht gerecht werde, indem sie alles nur auf Sündenfall und Christi Sühnetod beziehe. Dabei heißt es, daß, auf solcher Wage gewogen, „so wenig der edle Tobias als die Weisheit Salomonis und die Sprüche Sirachs einiges bedeutende Gewicht haben können". (Kroeber, Seite 742.)

„Das Gespräch wendete sich auf große Menschen, die vor Christus gelebt, unter Chinesen, Indiern, Persern und

— 78 —

Griechen, und daß die Kraft Gottes in ihnen ebenso wirksam gewesen als in einigen großen Juden des Alten Testaments." (Kroeber, Seite 744.) Darin liegt zum Abschluß noch einmal das Werturteil angedeutet, das in dem Aufsatz: „Israel in der Wüste" näher ausgeführt war. Goethe hat einen Instinkt für das religiös Ursprüngliche im Alten Testament und für das „Absurde, Hohle und Dumme, was keine Frucht bringt, wenigstens keine gute". (Kroeber, Seite 742.)

25. Urworte orphisch. (1818.)

Im Herbst 1817 beschäftigte sich Goethe mit mythologischen Abhandlungen und Briefen, insonderheit mit der Gedankenwelt der griechischen Orphiker. Daraus entstand das berühmte Gedicht, in dem er die fünf Urworte der Orphiker in seiner Weise ausdichtet. Das erste ist Daimon, das heißt: die festgegebene Eigenart, mit der jedes Wesen seine Entwicklung im Leben antritt, und die durch alle Abartungen und Beeinflussungen hindurch sich immer wieder durchsetzt: „und keine Zeit und keine Macht zerstückelt geprägte Form, die lebend sich entwickelt."

Zu diesem Gedicht hat Goethe im Jahr 1820 einen Kommentar veröffentlicht, in dem er den Gedanken von der Unabänderlichkeit des Individuums noch besonders unterstreicht. Dabei betont er ausdrücklich, daß nicht nur die einzelnen Menschen, sondern auch die Nationen „so wie ihre mannigfaltigen Verzweigungen, als Individuum anzusehen" sind. In diesem Zusammenhang kommt er auch auf das Judentum zu sprechen und sagt: „Wir sehen das wichtige Beispiel von hartnäckiger Persönlichkeit solcher Stämme an der Judenschaft; europäische Nationen, in andere Weltteile versetzt, legen ihren Charakter nicht ab, und nach mehreren hundert Jahren wird in Nordamerika der Engländer, der Franzose, der Deutsche gar wohl zu erkennen sein." (J. A. 2, 252 und 356.)

Die Unabänderlichkeit des jüdischen Volkstums, die er im Brief an Bettina Brentano halb scherzend behauptet und aller Humanitätssalbaderei gegenüber betont hat, wird hier in ihren letzten Ursachen enthüllt. Auch Völker sind ihrem Wesen nach Einheiten, Schöpfungen einzelner, besonders gearteter unsichtbarer Kräfte oder Wesen — sonst nennt er solche Wesen Monaden oder Entelechien, hier Daimon —, die im Gang ihrer Entwicklungen trotz aller zufälligen Abirrungen immer wieder durchschlagen. Auch Völker „sind alsobald und fort und fort gediehen nach dem Gesetz, wonach sie angetreten". Auch sie schlagen trotz aller Rassenmischung in den Nachkommen der Vermischten doch immer wieder durch.

Hier liegt der Grund, warum Goethe, wie wir noch sehen werden, insonderheit jeder Ehegemeinschaft mit Juden so leidenschaftlich widersprochen hat.

26. Zerstreute Bemerkungen (1800—1832).

Als letzte Stellen dieser Sammlung werden wir diejenigen Aussprüche zusammenstellen, in denen Goethe gegen die einzelnen Maßnahmen der sogenannten Judenemanzipation, das heißt gegen die Verleihung der staatsbürgerlichen Gleichberechtigung an die Juden, sich ausgesprochen hat. Unter dieser Ziffer jedoch bringen wir zuvor als Nachlese zu den allgemeineren Ausführungen der letzten Jahrzehnte über jüdisches Volkstum eine Reihe von einzelnen Bemerkungen aus Werken, Briefen, Tagebüchern und Gesprächen, die einer ausführlicheren Besprechung meist nicht bedürfen.

1. Tagebuch vom 25. Mai 1807: Gespräch mit Fürst Reuß in Schleiz „über mancherlei Phänomene der neueren Zeit, was die Deutschen, besonders die nördlichen, waren und hatten; was sie zu verlieren in Gefahr sind, das zunächst eindroht. Betrachtungen über die neueren Staatsformen: Souveränität, Landstände, Conskription usw., Einwirkung der Pfaffen und Juden" (Weimarer Ausgabe, Band 3, Seite 213).

— 80 —

2. Das Tagebuch aus dem Sommer 1807 bringt während des Karlsbader Aufenthaltes mehrere Judenspäße; man sieht, sie müssen dort öfter Tischgespräche gewesen sein:

a) „Ein Jude wünscht, daß Gott die Waden vorn hingesetzt hätte, weil man sich so oft an die Schienbeine stoße und hinten keine Gefahr sei" (20. Juni 1807).

b) „Spaßige Judengeschichten, besonders die von dem aus Potsdam nach Berlin reisen wollenden und nach den Meilen sich erkundigenden. „Ich bezahle euch zwölf Pferde, so bin ich schon da." (6. August 1807.)

c) Anekdote vom Juden, der mit offenen Beinkleidern vorübergeht und, reprochiert, antwortet: „Was geht's den Herrn an! Ich schöpfe Luft!" (9. August 1807.)

3. Zu Riemer 1. August 1807: „Es sind närrische Spezifikationen: Heidentum, Judentum, Christentum! — Juden gibt es unter den Heiden: die Wucherer; Christen unter den Heiden: die Stoiker; Heiden unter den Christen: die Lebemenschen". (Bode I, Seite 253.)

4. Aus dem Tagebuche vom 15. März 1808: „Deutsche gehen nicht zu Grunde, wie die Juden, weil es lauter Individuen sind."

Ebenso an Riemer vom selben Tage: „Deutsche gehen nicht zu Grunde, so wenig wie die Juden, weil es Individuen sind."

Ebenso schon ein Jahr zuvor, 1. Juni 1807, im Salon der Frau Reinhard: „Die Deutschen, wie die Juden. lassen sich wohl unterdrücken, aber nicht vertilgen. Sie lassen sich nicht entmutigen und würden stark geeint bleiben, selbst wenn es ihnen beschieden sein sollte, kein Vaterland mehr zu besitzen." (Bode I, Seite 428.)

5. Tagebuch vom 1. Juli 1808, wieder aus Karlsbad: „Geschichte von einem höchst unwissenden Juden, der, reich geworden, in allerlei Kenntnissen unterrichten ließ, von denen er die Namen hörte. Er fragte einstmals, wie denn der Tisch auf Geographie heiße."

VI.

6. An Riemer, August 1810: „.... weil die Weiber, ebenso wie die Juden, kein point d'honneur (Ehrgefühl) haben." (Bode I, Seite 449.)

7. Eine Bemerkung Goethes an Riemer aus dem Juli 1811, als vom Charakter der Juden die Rede war: „Wer keine Liebe fühlt, muß schmeicheln lernen; sonst kommt er nicht aus."

Goethe selbst hat den Spruch im Jahre 1823 drucken lassen, ohne die Beziehung auf die Juden sichtbar zu machen. (Max Hecker, Ziffer 175. Seite 31 und 312.)

8. Brief an Knebel vom 12. Januar 1814: „Dein schlecht verdautes Abendessen beklage ich. Es ist freilich schwer, sich in Geduld zu fassen; man muß aber denken, daß es nur eines Betteljuden bedarf, um einen Gott am Kreuze zu verhöhnen." (Weimarer Ausgabe, 4. Abteilung, Band 24, Seite 99.)

Diese Bemerkung bezieht sich auf einen Brief Knebels vom Tage vorher, worin dieser berichtet: „Vorgestern wohnte ich einem Abendschmaus bei unserem Herrn Starke bei, der mich aber bald etwas zu frühe in jenes unterirdische Reich gebracht hätte; denn ich bekam gestern morgen einen heftigen Schwindel darauf. Viel mag dazu auch beigetragen haben das unendlich absurde Gespräch, das unser Einsiedel und sein Nachbar ... vorzüglich am Tische verführten. Es nötigte mich noch zuletzt, etwas grob zu werden, zumal da ein sehr interessanter Mann mit am Tische saß." (Briefwechsel zwischen Goethe und Knebel, 2. Teil, 1854, Seite 124.)

Auffallend ist, daß der Herausgeber Guhrauer den Namen dieses Nachbars in seinem Abdruck des Knebelschen Briefes weggelassen und durch Punkte ersetzt hat. Daß dieser Nachbar ein Jude war, geht aus Goethes Antwort deutlich hervor. Offenbar ist diese Tatsache dem Herausgeber, der ebenfalls Jude war, unangenehm gewesen. Er hat sie daher unterdrückt.

Schlimmer ist, daß er in seiner Ausgabe in Goethes Antwort den vorhin angeführten Satz überhaupt unterdrückt hat. Bei ihm schließt der Goethesche Brief gerade vor dem Absatz, wo von dem schlecht verdauten Abendessen die Rede ist. (Briefwechsel Seite 125.) Er hat dabei aber nicht angegeben, daß er den Goetheschen Brief nur teilweise abgedruckt habe. Er hat also seine Streichung des Juden aus diesem Briefwechsel vertuschen wollen. Dieses ist wieder ein Beispiel für die Worte, die ich in der Einleitung schrieb, „von der teils interessierten, teils gedankenlosen Verdunkelung, die auch die Fachgelehrten gerade über diesen Gegenstand verbreitet haben." Guhrauer ist jedenfalls unter die interessierte Verdunkelung zu zählen.

Ebenso unangenehm ist, daß auch die Weimarer Ausgabe zwar den Text vollständig wiedergibt, in ihren Anmerkungen aber nichts davon bemerkt, daß Guhrauer den Text nicht vollständig wiedergegeben habe. Vielmehr sagt sie einfach: gedruckt Briefwechsel 2, 125 und macht sich damit einer objektiv unrichtigen Angabe schuldig. Denn die zweite Hälfte des Briefes Goethes an Knebel war eben nicht von Guhrauer gedruckt worden. Außerdem gibt die Anmerkung keine Erklärung für den Goetheschen Satz über das schlecht verdaute Abendessen, was durch Hinweis auf Knebels Brief sehr leicht möglich gewesen wäre.

Diese Tatsachen sind bereits von Houston Stewart Chamberlain in seinem Goethebuch dargestellt worden. (Seite 689 bis 690.) Es ist aber gut, wenn sie auch hier noch einmal vollständig verzeichnet sind.

9. Brief an Boisserée vom 24. Juni 1816 über Artikel aus den Heidelberger Jahrbüchern: „Die sämtliche Judenschaft erzittert, da ihr grimmiger Gegner, den ich soeben

aus dem 9. Heft kennen lerne, nach Thüringen kommt. In Jena darf nach alten Gesetzen kein Jude übernachten. Diese löbliche Anordnung dürfte gewiß künftig hin besser als bisher aufrecht erhalten werden. — In Heidelberg ist es gewiß kein Geheimnis, welcher Rezensent sich in den Heidelb. J. M. D. unterschreibt. Ich vermute, es ist Daub oder Creuzer, vielleicht beyde." (Weimarer Ausgabe, 4. Abteilung, Band 27, Seite 64.)

10. In einem Briefe an Willemer vom 17. Juli 1817 bittet Goethe um Familiennachrichten und andere persönliche Neuigkeiten aus Frankfurt. Im Zusammenhange damit fährt er fort: „Ich entsage dagegen den sämtlichen Bundestagsverhandlungen, enthalte mich aller Teilnahme an Juden und Judengenossen, nicht weniger an manchen andern Frankfurtensien, die ich aus Bescheidenheit zu nennen unterlasse. (Weimarer Ausgabe, 4. Abteilung, Band 28, Seite 183.)

11. Am 31. August 1821 besichtigte Goethe mit Grüner die alte Synagoge in Eger. Grüner schreibt darüber: „Mir lag daran, Goethes Meinung über die Juden zu erfahren. Was ich aber auch vorbringen mochte, er blieb in Betrachtung der alten Inschriften vertieft und äußerte sich nicht mit Bestimmtheit in Betreff der Juden." (Bode 1, 448.)

12. Im Jahre 1821 schrieb Goethe kurze Prosa-Sprüche für seine Zeitschrift Aus Kunst und Altertum nieder. In der Handschrift schrieb er unter anderem: „Die Natur gerät auf Spezifikationen, wo sie nicht wieder zurückkann. Die Juden sind in der höheren Organisation ein Beispiel." Im Druck änderte er den Satz und schrieb die allgemeine Formel: „Die Natur gerät auf Spezifikationen wie in eine Sackgasse; sie kam nicht durch und mag nicht wieder zurück; daher die Hartnäckigkeit der Nationalbildung." Der handschriftliche Satz beweist, daß er dabei vornehmlich an die Unabänderlichkeit der jüdischen Volksart gedacht hat. (Max Hecker, Ziffer 95, Seite 18 und 305.)

13. Im Faust 2. Teil, erster Akt, klagt der Marschall dem Kaiser als letzte Not: „Nun soll ich zahlen, alle lohnen,

— 84 —

der Jude wird mich nicht verschonen, der schafft Antizipationen, die speisen Jahr um Jahr voraus. Die Schweine kommen nicht zu Fette, verpfändet ist der Pfühl im Bette, und auf den Tisch kommt vorgegessen Brot." (Vers 4869 bis 4875. J. A. 14, 12.)

14. Im Nachlaß fand sich unter einer Sammlung von Sprüchen in Prosa als Anfang einer nicht fortgeführten Schilderung von „Sitten, Gebräuchen pp." folgende Zusammenfassung: „Jüdisches Wesen: Energie der Grund von allem. Unmittelbare Zwecke. Keiner, auch nur der kleinste geringste Jude, der nicht entschiedenes Bestreben verriete, und zwar ein irdisches, zeitliches, augenblickliches. Judensprache hat etwas Pathetisches." (Max Hecker, Ziffer 1330, Seite 276 und 391.)

15. Ueber persönliche Berührungen Goethes mit Juden aus den letzten Jahren seien noch diese Angaben zusammengestellt, ohne Gewähr der Vollständigkeit:

a) Besuche Felix Mendelssohn-Bartholdys bei Goethe als Knabe und junger Mann in den Jahren 1821, 1823 und 1830, ebenso auch seiner Eltern. — Dies ist der einzige Jude, dem Goethe restlose Zuneigung und Ehrfurcht geschenkt hat. Er hat ihn sogar geküßt. (Biedermann, Kleine Ausgabe 248, 249, 260, 261, 345, 346.)

b) Ein Handelsmann, wahrscheinlich aus portugiesischem Judenstamme (Tagebuch, 20. Juni 1823); ebenso vom 13. Juli 1823 aus Marienbad: „Einige bedeutende Massen von zerschlagenem Bergkristall einem Juden abgehandelt."

c) Besuch Heinrich Heines (1824); darüber näheres später bei der letzten Zusammenfassung über Goethes Stellung zum Judentum. In dieser ewig denkwürdigen Unterredung treffen deutscher und jüdischer Geist unmittelbar aufeinander und gewinnen gegenseitig den Eindruck, daß sie sich nicht verstehen und nicht vertragen. (Biedermann, Kleine Ausgabe 282.)

d) Der jüdische Maler Moritz Oppenheim: 6./22. Mai 1827. (Biedermann, Kleine Ausgabe 306.)

27. Goethes Stellung zur Judenemanzipation: Uebersicht.

Es wird in geschichtlichen Darstellungen gelegentlich die Auffassung vertreten, als habe Goethe die Wandlung in der Stellung zum Judentum, die sich beim Uebergang vom 18. zum 19. Jahrhundert überall in den europäischen Staaten vollzogen hat, ebenfalls mit Bewußtsein mitgemacht und befördert. So schreibt Günther in Zeitlers Goethe-Handbuch noch im Jahre 1917 in dem Artikel Juden, Judentum: „Goethe hat die liberale Wandlung in der Geltung der Juden miterlebt. Der junge Goethe hat noch von der Judengasse in Frankfurt, ihrer Enge, ihrem Schmutz den unangenehmsten Eindruck ..... Goethe haßt die Juden nicht, aber sie sind ihm unsympathisch, oder verächtlich oder lächerlich ..... Die von Frankreich ausgehende Emanzipation der Juden, die Bekanntschaft mit vielen „geistbegabten, feinfühlenden Männern dieses Stammes" beeinflußten auch Goethes Stellungnahme. Er gelangt zu einer kühlen, aber gerechten Abwägung ihrer Vorzüge und entschuldigt ihre Untugenden." (Dr. Kurt Günther, Altenburg, im Goethehandbuch, herausgegeben von Dr. Julius Zeitler, II. Band 1917.)

Diese Darstellung stellt die tatsächliche Entwicklung geradewegs auf den Kopf. Nicht nur, wie alle bisher angeführten Stellen beweisen, ist Goethes Auffassung vom Judentum unverändert dieselbe geblieben sein ganzes Leben hindurch. Vielmehr hat Goethe ausdrücklich den einzelnen Maßnahmen der sogenannten Judenbefreiung mindestens seinen lebhaften Widerspruch entgegengesetzt, wenn er auch als staatlich völlig einflußloser Mann in Wirklichkeit nichts dagegen zu tun vermochte.

Die humanitäre Auffassung, die den Angehörigen der jüdischen Religion die gleichen staatsbürgerlichen Rechte mit den Bekennern der verschiedenen christlichen Bekenntnisse gibt, hat er für eine Gefahr für das Bestehen der Staaten gehalten (siehe Ziffer 28). Den Verkehr und die wirtschaftliche Gemeinschaft mit Juden hat er in seinem Idealbild der Gesellschaft bewußt verworfen (siehe Ziffer 29). Aus dem Kulturleben der Deutschen hat er Juden grundsätzlich fernhalten wollen (siehe Ziffer 30). Von einer Ehegemeinschaft zwischen Christen und Juden erwartet er die Auflösung aller unserer Verhältnisse (siehe Ziffer 31). Er betrachtete den Juden als Abkömmling einer von Uranfang an völlig von uns verschiedenen Rasse (siehe Ziffer 32). Dieses alles beeinträchtigt sein Urteil über die Bibel nicht. Sie soll die Grundlage der Erziehung bleiben, aber nicht deshals weil die Juden das tüchtigste, sondern weil sie das dauerhafteste Volk in der Geschichte gewesen sind, weil man also an ihrem Beispiel die Kräfte am anschaulichsten studieren kann, die seiner Nation Ewigkeit verleihen (siehe Ziffer 33).

Wir fügen die Stellen, aus denen sich diese Gedanken ergeben hier nacheinander im Wortlaut an.

28. Gegen die Verleihung der Staatsbürgerrechte an Juden.

Im dreizehnten Buche von Dichtung und Wahrheit spricht Goethe auch über die Erweichung, welche in seiner Jugend in der Rechtslehre sich angebahnt und seitdem fortgesetzt hat. Entsprechend der Bewegung, die in Religion und Moral begonnen hatte, verbreitete sich auch unter den Juristen der Humanismus; „und alles wetteiferte, auch in rechtlichen Verhältnissen höchst menschlich zu sein. Gefängnisse wurden gebessert, Verbrechen entschuldigt, Strafen gelindert, die Legitimation erleichtert, Scheidungen und Mißheiraten befördert, und einer unserer vorzüglichen Sachwalter erwarb sich den höchsten Ruhm, als er einem Scharfrichtersohne den Eingang in das Kollegium der Aerzte zu erfechten wußte. Vergebens widersetzten sich Gilden und Körperschaften; ein Damm nach dem andern ward durchbrochen. Die Duldsamkeit der Religionsparteien gegen einander ward nicht bloß gelehrt, sondern ausgeübt; und mit einem noch größeren Einflusse ward die bürgerliche Verfassung bedroht, als man Duldsamkeit gegen die Juden, mit Verstand, Scharfsinn und Kraft der gutmütigen Zeit anzuempfehlen bemüht war.“ (J. A. Band 24, Seite 143.)

Die Duldsamkeit der Religionsparteien gegen einander, soweit sie sich auf die drei christlichen Bekenntnisse bezieht, hat Goethe selbstverständlich immer vertreten. Wie er allem Nur-Kirchlichen fernstand, so hat er auch die aus dem 16. Jahrhundert überkommenen Lehrunterschiede der Lutheraner und Reformierten für nichts geachtet; und der Frömmigkeit des Katholizismus hat er mindestens ebenso nahe gestanden, wie der des Protestantismus. Aber als man anfing, denselben Gedanken nun auch auf das Judentum auszudehnen und auch die jüdische Religion nur als eine „Konfession" zu bezeichnen, die in rechtlicher Beziehung keinen Unterschied zwischen den Staatsbürgern bedeuten dürfe, da empfand das Goethe als eine Bedrohung der bürgerlichen Verfassung. Er spottet der gutmütigen Zeit, die sich diesen Gedanken aufreden lasse.

Man wird unmittelbar erinnert an die Ausführungen im Jahrmarktsfest zu Plundersweilern, wo Goethe ja auch darstellte, daß der Jude, der Duldung und freundliche Aufnahme bei einem anderen Volke erhalte, dieses dem Wirtsvolk mit Vorbereitung einer Revolution und einem Umsturz aller Verhältnisse lohne. Die Stelle aus Dichtung und Wahrheit beweist, daß jenes Jahrmarktsfest kein Ulk gewesen ist, sondern Goethes wahre Meinung dargestellt hat.

29. Gegen die Wirtschaftsgemeinschaft mit Juden.

In Wilhelm Meisters Wanderjahren schildert Goethe im dritten Buche den Bund der Wandernden. In den Grundsätzen, die er diesem Bund zuschreibt, steckt ein gut Teil seiner eigenen Lebenserfahrung und der Gedanken und Wünsche, die er für die Einrichtung der menschlichen Gesellschaft in der Zukunft hat. Hier heißt es über das Judentum:

„Was soll ich aber nun von dem Volk sagen, das den Segen des ewigen Wanderns vor allen andern sich zu-

— 88 —

eignet und durch seine bewegliche Tätigkeit die Ruhenden zu überlisten und die Mitwandernden zu überschreiten versteht? Wir dürfen weder Gutes noch Böses von ihnen sprechen; nichts Gutes, weil sich unser Bund vor ihnen hütet, nichts Böses, weil der Wanderer jeden Begegnenden freundlich zu behandeln, wechselseitigen Vorteils eingedenk verpflichtet ist." (J. A. 20, Seite 140.)

Es wird also ausdrücklich betont, daß der Bund der Wandernden sich vor Juden hütet. Er läßt sie in seiner Gemeinschaft nicht zu, weil sie jeden, der mit ihnen Gemeinschaft schließt, überlisten und überschreiten. Goethe erkennt die bewegliche Tätigkeit des jüdischen Volkes hier wie an allen anderen Stellen ausdrücklich an. Aber eben wegen dieser ihrer Beweglichkeit will er sie von der Gemeinschaft seines Bundes ausschließen, damit die anderen, die schwerfälliger und rechtschaffener sind, einem solchen beweglichen Genossen nicht zum Opfer fallen.

Gleichzeitig aber will er auch nicht, daß etwas Böses über die Juden gesagt werde. Denn es ist der Grundsatz der Wandernden, jedem Menschen, weil er ein Mensch ist, freundlich zu begegnen. Auch diesen Grundsatz hat Goethe in allen seinen Aussagen über das Judentum bestätigt. Aber er hat ihn nicht darin irre gemacht, seinerseits dem Juden die Gemeinschaft mit dem Deutschen zu untersagen.

30. Gegen den jüdischen Erzieher und den jüdischen Mitschüler im deutschen Jugendunterricht.

Im 11. Kapitel des dritten Buches der Wanderjahre kommt Goethe auf die allgemeinen Grundlagen des Planes zu sprechen, den er dort für den Neubau des gesellschaftlichen Lebens entwirft. Auch hier wieder betont er, daß das Letzte, was Menschen eigentlich zusammenhält, ihre Religion und ihre Sitte sei. Jede Religion hat das Ziel, den Menschen fähig zu machen, daß er sich in das Unvermeidliche füge. Die christliche Religion versucht dies auf dem Wege des Glaubens, der Liebe und der Hoffnung.

„An dieser Religion halten wir fest, aber auf eigne Weise; wir unterrichten unsere Kinder von Jugend auf von den großen Vorteilen, die sie uns gebracht hat; dagegen von ihrem Ursprung, von ihrem Verlauf geben wir zuletzt Kenntnis. Alsdann wird uns der Urheber erst lieb und wert, und alle Nachricht, die sich auf ihn bezieht, wird heilig. In diesem Sinne, den man vielleicht pedantisch nennen mag, aber doch als folgerecht anerkennen muß, dulden wir keinen Juden unter uns; denn wie sollten wir ihm den Anteil an der höchsten Kultur vergönnen, deren Ursprung und Herkommen er verleugnet?" (J. A. 20, 161.)

Die Ausschließung des Juden von der Kulturgemeinschaft ist hier ebenso unbedingt und ebenso allgemein ausgesprochen wie in dem zuletzt behandelten Satz die Ausschließung des Juden aus der Wirtschaftsgemeinschaft. Alle Kultur ruht auf einer bestimmten Religion, sagt Goethe. Man mag die Lehren der Religion, das heißt ihre Dogmen, ihre Vorstellungen, ihre Bilder so verschiedenartig ausdeuten wie man will, wenn man nur die allgemeine Grundeinstellung zu Leben und Schicksal sich zu eigen macht, die die gemeinsame Religion ausspricht. Für denjenigen aber, der an dieser Grundgemeinschaft des Gefühls keinen Teil hat, kann es auch keine Gemeinschaft der Kultur geben. Er kann wohl äußerlich die Einrichtung unserer Zivilisation benutzen. Aber er kann nicht innerlich fühlen, wie wir fühlen, und wollen, wir wir wollen. Was uns gut dünkt, wird ihm böse scheinen; und umgekehrt, was wir verachten wird er auf Grund seiner religiösen Erziehung gerade für sein Recht und seine Pflicht in Anspruch nehmen.

Der Satz schließt also zunächst schlechthin aus, daß in der auf dem Boden des Christentums erwachsenen deutschen Volksgemeinschaft ein Jude als Erzieher tätig sein könnte. Denn er kann unserer Jugend ja nicht das übermitteln, worauf letzten Endes die zusammenhaltende Kraft aller Kulturgemeinschaft beruht. Darum würde Goethe auf Grund dieser Stelle das Eindringen des Judentums in

— 90 —

unsere Schulen, Hochschulen und Zeitungen, in unsere Dichtung und Kunst ebenso als die Auflösung der völkischen Gemeinschaft verwerfen, wie er die Verleihung der staatsbürgerlichen Rechte an Juden als Gefahr für den Staat empfunden hat.

Aber der Satz geht weit über diese Ablehnung des jüdischen Lehrers hinaus. Auch nur die Anwesenheit des Juden in der Gemeinschaft der deutschen Kulturschule darf nicht geduldet werden. Wir dürfen ihm keinen Anteil an unserer Kultur gestatten, weil er doch keinen Zugang zu ihr haben würde.

Hier sieht man, mit welcher Härte Goethe in der Judenfrage gedacht hat. Hier erst bekommen alle die spöttischen Aeußerungen von der Humanitätssalbaderei und ähnliche mehr, die wir gelesen haben, ihre wahre Bedeutung. Die Humanität gegen das eigene Volk besteht auch für Goethe darin, daß man Fremdes und nicht zu ihm Passendes mit Bewußtsein von ihm fernhält und solchem „keinen Anteil an der höchsten Kultur vergönnt". Auch für das Volk gilt der Goethesche Grundsatz: „Was euch nicht angehört, sollet ihr meiden! Was euch das Innere stört, dürft ihr nicht leiden!"

31. Gegen die Ehegemeinschaft zwischen Deutschen und Juden.

Im September 1823 wurde auch im Großherzogtum Sachsen-Weimar das Gesetz eingeführt, das in Preußen schon über ein Jahrzehnt länger bestand, das die Eheschließung zwischen Christen und Juden gestattet. Welchen Eindruck dieses Gesetz bei seinem Erscheinen auf Goethe gemacht hat — er stand der Regierung so fern, daß er von den Vorbereitungen dieses Gesetzes offenbar nichts gewußt hat —, sehen wir aus einem Gespräch, das der Kanzler von Müller am 23. September 1823 mit Goethe gehabt hat.

„Ich war kaum gegen 6 Uhr in Goethes Zimmer getreten," erzählt Müller, „zunächst um Professor Umbreit für morgen anzumelden, als der alte Herr seinen leidenschaftlichen Zorn über unser neues Judengesetz, welches die

Heirat zwischen beiden Glaubensverwandten gestattet, ausgoß. Er ahnte die schlimmsten und grellsten Folgen davon, behauptete, wenn der Generalsuperintendent Charakter habe, müsse er lieber seine Stelle niederlegen, als eine Jüdin in der Kirche im Namen der heiligen Dreifaltigkeit trauen. Alle sittlichen Gefühle in den Familien, die doch durchaus auf den religiösen ruhten, würden durch ein solch skandalöses Gesetz untergraben; überdies wolle er nur sehen, wie man verhindern wolle, daß einmal eine Jüdin Oberhofmeisterin werde. Das Ausland müsse durchaus an Bestechung glauben, um die Adoption dieses Gesetzes begreiflich zu finden; wer wisse, ob nicht der allmächtige Rothschild dahinter stecke.

„Ueberhaupt geschähen hier so viele Albernheiten, daß er sich bloß durch persönliche Würde im Auslande vor beleidigender Nachfrage schützen könne, daß er sich aber schäme, aus Weimar zu sein und gerne wegzöge, wenn er nur wisse, wohin? Dieser sein Unmut, sich nach dem heiteren Aufenthalt in Marienbad wieder hier eingeengt zu befinden, machte sich den ganzen Abend vielfach bemerkbar. Als ich ihn zu täglichen Spazierfahrten antrieb, sagte er: Mit wem soll ich fahren, ohne Langeweile zu empfinden? Die Staël hat einst ganz richtig zu mir gesagt: Il vous faut de la séduction. Ja, ich bin wohl und heiter heimgekehrt, drei Monate lang habe ich mich glücklich gefühlt, von einem Interesse zum andern, von einem Magnet zum andern gezogen, fast wie ein Ball hin und her geschaukelt, aber nun — ruht der Ball wieder in der Ecke und ich muß mich den Winter durch in meiner Dachshöhle vergraben und zusehen, wie ich mich durchflicke.“ Wie schmerzlich ist es doch, solch eines Mannes innere Zerrissenheit zu gewahren, zu sehen, wie das verlorene Gleichgewicht seiner Seele sich durch keine Wissenschaft, keine Kunst wieder herstellen läßt, ohne die gewaltigsten Kämpfe, und wie die reichsten Lebenserfahrungen, die hellste Würdigung der Weltverhältnisse ihn davor nicht schützen konnten. Was in seinem Judeneifer recht merkwürdig war, ist die tiefe Achtung vor der positiven Religion, vor den bestehenden Staatseinrichtungen, die trotz seiner Freidenkerei überall durchblickte. Wollen wir denn überall im Absurden vorausgehen, alles Fratzenhafte zuerst probieren? sagte er unter anderem.“ (Burkhardt, Goethes Unterhaltungen mit dem Kanzler Friedrich von Müller. 2. Aufl., Seite 100.)

Ueber die gleiche Unterhaltung schreibt Goethe in seinem Tagebuch vom gleichen Tage: „Abends Kanzler von Müller, über Christentum und Judenheiraten, unerfreuliche Unterhaltung.“ Es ergibt sich aber aus den anderen Eintragungen, daß Goethes Stimmung den Tag über durchaus nicht so unerfreulich und zerknittert gewesen ist, wie Müller es darstellt. Er hat über diesen Tag unter anderem bemerkt: „Kapitelweise Abschrift des auf der Reise Bemerkten aus allen Fächern. Gedichte und Briefe zum Geburtstag gesammelt. Inhalt von Briefen vorbedacht und schematisiert.“ So ganz unlebendig, wie es Müller darstellt, ist er also auch an diesem Tag nicht gewesen.

Man sieht aus Müllers anschaulicher Schilderung, wie tief auch dieses neue Gesetz Goethen getroffen und zerrissen hat. Gleichzeitig sieht man, aus wie tiefer Ehrfurcht vor der Religion heraus Goethe zu dieser Härte in seiner Auffassung kommt. Er ist wahrhaftig weder ein Heide noch ein Weltkind noch ein Freigeist. Je tiefer er aber den Kern der deutschen Frömmigkeit persönlich erlebt hat, um so rücksichtsloser ist er gegen alle Vermengung und Vermischung der Volksarten geworden.

32. Ueber die Rassenverschiedenheit von Deutschen und Juden.

Am 7. Oktober 1828 erhielt nach Eckermanns Bericht Goethe Besuch von einigen aus Berlin zurückkehrenden Naturforschern, unter denen besonders Herr von Martius aus München genannt wird. Das Gespräch ging aus von der Oper Moses von Rossini, ging von da auf die Sintflut über und nahm nun eine naturgeschichtliche Wendung. Man schloß mit der Frage, ob denn wirklich anzunehmen sei, daß alle Menschen von dem einzigen Paare Adam und Eva abstammen. Herr von Martius verteidigte die Einheit des Menschengeschlechtes, Goethe vertrat den entgegengesetzten

Standpunkt. Er berief sich auf die immer wieder bewiesene verschwenderische Fülle in den Hervorbringungen der Natur. „Es sei weit mehr in ihrem Sinne anzunehmen, sie habe statt eines einzigen armseligen Paares die Menschen gleich zu Dutzenden, ja zu Hunderten hervorgehen lassen, überall wo der Boden es zuläßt, und vielleicht auf den Höhen zuerst."

Herr von Martius berief sich für seinen Standpunkt auf die Aussagen der Bibel, denen er als guter Christ nicht gern widersprechen möchte. Darauf antwortete Goethe:

„Die Heilige Schrift redet allerdings nur von einem Menschenpaare, das Gott am sechsten Tage erschaffen. Allein die begabten Männer, welche das Wort Gottes aufzeichneten, das uns die Bibel überliefert, hatten es zunächst mit ihrem auserwählten Volke zu tun, und so wollen wir auch diesem die Ehre seiner Abstammung von Adam keineswegs streitig machen. Wir andern aber, so wie auch die Neger und Lappländer, und schlanke Menschen, die schöner sind als wir alle, hatten gewiß auch andere Urväter; wie denn die werte Gesellschaft gewiß zugeben wird, daß wir uns von den echten Abkömmlingen Adams auf eine gar mannigfaltige Weise unterscheiden, und daß sie, besonders was das Geld betrifft, es uns allen zuvortun."

„Wir lachten; das Gespräch mischte sich allgemein; Goethe, durch Herrn von Martius zu Widersprüchen angeregt, sagte noch manches bedeutende Wort, das, den Schein des Scherzes tragend, dennoch aus dem Grund eines tieferen Hinterhalts hervorging. (Kroeber 275 f.)

Die Unterhaltung hat, wie Eckermann ausdrücklich hervorhebt, äußerlich einen scherzhaften Charakter gehabt. Aber damit ist nicht gesagt, daß Goethe nicht in scherzhafter Form seine wahre Meinung ausgesprochen hätte. Diese aber ist die, daß der Jude ebenso wie der Neger oder der Lappländer schon von seiner Urabstammung her sich von uns unterscheidet, eine Unterscheidung, die nicht nur im Körperlichen, sondern auch im Sittlichen sich zeigt. Die scherzhafte Bemerkung über das Geld ist doch nur ein Ausdruck dafür, daß der Jude in Geldfragen eine andere Sittlichkeit habe als der Deutsche.

33. Letzte Zusammenfassung über Judentum und Bibel.

Im 2. Buch der Wanderjahre, im 2. Kapitel, spricht Goethe ebenfalls über die Grundlage der Erziehung, insonderheit über die geschichtliche Bildung. Auch hier, wie wir das schon mehrfach gefunden haben, stellt er in kurzen Strichen den Plan dar, die ganze Weltgeschichte an der Geschichte des jüdischen Volkes aufreihen zu wollen. Er begründet diese Absicht mit folgenden Worten:

„Unter allen heidnischen Religionen, denn eine solche ist die israelitische gleichfalls, hat diese große Vorzüge, wovon ich nur einige erwähnen will. Vor dem ethnischen Richterstuhle, vor dem Richterstuhl des Gottes der Völker, wird nicht gefragt, ob es die beste, die vortrefflichste Nation sei, sondern nur, ob sie dauere, ob sie sich erhalten habe. Das israelitische Volk hat niemals viel getaugt, wie es ihm seine Anführer, Richter, Vorsteher, Propheten tausendmal vorgeworfen haben: es besitzt wenig Tugenden und die meisten Fehler anderer Völker; aber an Selbständigkeit, Festigkeit, Tapferkeit und, wenn alles das nicht mehr gilt, an Zäheit sucht es seinesgleichen. Es ist das beharrlichste Volk der Erde, es ist, es war, es wird sein, um den Namen Jehovah durch alle Zeiten zu verherrlichen. Wir haben es daher als Musterbild aufgestellt, als Hauptbild, dem die andern nur zum Rahmen dienen.

„Ein Hauptvorteil ist die treffliche Sammlung ihrer heiligen Bücher. Sie stehen so glücklich beisammen, daß aus den fremdesten Elementen ein täuschendes Ganze entgegentritt. Sie sind vollständig genug, um zu befriedigen, fragmentarisch genug, um anzureizen; hinlänglich barbarisch, um aufzufordern, hinlänglich zart, um zu besänftigen; und wie manche andere entgegengesetzte Eigenschaften sind an diesen Büchern, an diesem Buche zu rühmen . . . .

„Noch einen Vorteil der israelitischen Religion muß ich hier erwähnen: daß sie ihren Gott in keine Gestalt verkörpert und uns also die Freiheit läßt, ihm eine würdige Menschengestalt zu geben, auch im Gegensatz die schlechte Abgötterei durch Tier- und Untiergestalten zu bezeichnen." (J. A. 19, 186/187.)

In diesen wenigen Sätzen ist noch einmal alles zusammengefaßt, was Goethe über das Judentum der Vergangenheit und der Gegenwart zu sagen hat. Es bleibt ihm das merkwürdigste Volk der Erde, merkwürdig nicht durch seine Tugenden, sondern durch seine Kraft und Zähigkeit, ein Volk, das von seinen Führern und Meistern immer nur des Abfalles, der Untugenden und des Unglaubens bezichtigt wurde, das sich also nach der eigenen Darstellung seiner Heiligen Schriften allem höheren Auftrieb des Menschenwesens immer widersetzt hat, und das doch in dieser seiner Art unvergänglich und unveränderlich geworden ist.

In diesem Grundverhältnis des Volkes zu seinen Heiligen Schriften, also zu seinen schöpferischen Geistern, liegt beides begründet, sowohl die Bedeutung der Bibel als Religionsbuch für die Erziehung der Völker, wie auch die Unmöglichkeit, daß man je hoffen könnte, das ausgeprägte Judentum mit anderen Volkstümern zu verschmelzen. Die menschliche Achtung vor dem Juden und seinen völkischen Eigenschaften ist auch nach dieser Stelle bei Goethe nicht groß. Aber er schätzt in ihm die Kraft, die vorbildlich ist, wenn es sich darum handelt, wie man einem bedrohten und zertrümmerten Volkstum Ewigkeit zu verleihen vermag.

34. Rückblick.

Blicken wir von dieser zusammenfassenden Aeußerung aus Goethes letzten Lebensjahren auf die ganze Reihe von weit über hundert Stellen zurück, die wir im ganzen in dieser Arbeit zusammengestellt haben, so ergibt sich noch einmal die Grunderkenntnis, daß Goethe in seiner Beurteilung des Judentums nicht geschwankt, und daß er sich durch den liberalen Geist der Zeit, durch die „Humanitätssalbaderei“ und durch die Gedanken der französischen Revolution nicht im geringsten darin hat irremachen lassen, das jüdische Volk zwar als etwas Bedeutendes, aber auch als etwas Fremdartiges in unserer Mitte zu empfinden. Jedes Wort, das er seinen Haman im „Jahrmarktsfest zu Plundersweilern" hat aussprechen lassen, hat durch andere Worte seine Bestätigung gefunden. Er hat wirklich in der Zulassung der Juden zur staatsbürgerlichen, wirtschaftlichen und religiösen Gleichberechtigung den Anfang vom Untergang unserer Gesellschaft, unserer Kultur und unseres Staates gesehen.

Wir brauchen nicht noch einmal ausführlich zusammenzustellen, wie von seiner frühesten Jugend bis in sein spätestes Alter hinein Goethe das Judentum aus persönlicher Berührung und Beobachtung kennen gelernt hat. Immer wieder ist er mit Juden zusammengetroffen. Immer wieder spielen in Scherz und Ernst Beobachtungen über das tatsächliche Verhalten der Juden seiner Zeit in all seine Gedankenbildung hinein. Und Zeit seines Lebens ist er zugleich ein genauer Kenner des Alten Testamentes, zum Teil auch des späteren jüdischen Schrifttums, gewesen. An jener Stelle der Geschichte der Farbenlehre, wo er so ausführlich über die Bibel spricht (siehe oben Ziffer 18), verweist er noch darauf, daß auch in der jüdischen Theologie der Einfluß Platos und der des Aristoteles miteinander gewechselt haben, „wie uns schon die talmudische und kabbalistische Behandlung der Bibel überzeugt". (J. A. 40, 155.) Er hat also auch von dem späteren jüdischen Schrifttum wenigstens eine allgemeine Uebersicht sich verschafft.

Daß die Aussprüche Goethes über das Judentum im einzelnen gelegentlich anerkennend klingen, ist bei einer Sammlung von Stellen, die sich im ganzen über rund 65 Jahre erstrecken, nicht zu verwundern. Zu verwundern ist vielmehr, daß sie in all dieser Zeit eine so erschütternde Einmütigkeit der Gesinnung und des Urteils beweisen. Nur das Gespräch mit Bankier Laemel aus dem Jahre 1811 scheint etwas aus dieser Einmütigkeit herauszufallen. Hier aber muß, wie schon bemerkt wurde, durchaus die Möglichkeit offengehalten werden, daß Laemel selbst in seinem Bericht die Aeußerungen Goethes über das Judentum anerkennender gestaltet hat, als wie sie von Goethe gemeint waren. Ferner, daß Goethe dem Juden gegenüber, der ihn durch Freundlichkeiten sich verbunden hatte, mit seiner wahren Meinung über das Judentum nicht so deutlich herausgerückt sein mag, wie in Unterhaltungen mit Gleichgesinnten oder in seinen späteren Schriften. Jedenfalls beweisen gerade diese spätesten Schriften (Wanderjahre und Gespräche mit Eckermann), daß sich bis in sein höchstes Alter hinein Goethes Ablehnung gegen das Judentum nicht gemildert, sondern im Gegensatz zu seiner Zeit eher noch gesteigert hat.

Wichtiger als das Gespräch mit Bankier Laemel ist die Beobachtung, daß Goethe auch in der Beurteilung der Bibel und ihrer erzieherischen Bedeutung für unser Volkstum gelegentlich doch geschwankt hat: einmal in dem Gespräch aus dem letzten Jahrzehnt des achtzehnten Jahrhunderts, von dem Böttiger Kunde gegeben hat (siehe Ziffer 16), das andere Mal in den Wochen, wo er mit dem Versuche spielte, ein deutsches Volksbuch zur Begründung einer deutschen National-Erziehung an die Stelle der Bibel zu setzen (siehe Ziffer 19).

Die Empfindungen, die da gelegentlich in Goethe aufgequollen sind, hat er nicht weiter verfolgt. Er ist immer wieder in die Anerkennung des für uns Ueberlieferten zurückgekehrt, das nun einmal seit anderthalb Jahrtausend den geistigen Kern unserer Volkserziehung gebildet hat. Aber er hat auch in den Wanderjahren den Wert des Alten Testamentes doch nicht mehr darin gesehen, daß es an sich eine reine, höhere und lichtere Frömmigkeit übermittelt, wie er sie früher in der Abraham-Religion hatte finden wollen, sondern er hat jetzt den Wert des Alten Testamentes nur noch darin gesehen, daß es für alle Zeiten ein Vorbild gibt, wie ein Volk, auch wenn es sachlich nicht viel wert ist, doch seine Kraft und sein Wesen zu verewigen vermag.

Ob diese leise Kritik an dem unbedingten Wert der Bibel auch für die deutsche Volkserziehung jemals in Zukunft eine Fortsetzung finden wird, ob wir auf die Dauer bei Goethes Gesamturteil bleiben werden oder ob wir in Zukunft immer mehr an die beiden Stellen werden denken müssen, in denen Goethe aus der reinbiblischen Linie abzubiegen begann, das ist eine Frage, die hier nicht erörtert werden kann, die wohl überhaupt heute noch längst nicht spruchreif ist. Jedenfalls dürfte sie nur aus der genauesten

Kenntnis des Alten und des Neuen Testamentes heraus beantwortet werden. Alle Ablehnung der Bibel, die aus Unkenntnis fließt, ist unwürdig und sollte an Goethes Beispiel zu der Besinnung kommen, daß das, worin ein Goethe so tiefe Werte zu entdecken vermochte, doch auch für uns noch nicht ganz gleichgültig geworden sein kann.

Wohl aber ist es durchaus in Goethes Sinn, daß wir eine neue Art der Behandlung der Bibel auch im Kinderunterricht anbahnen müssen. Erstens müssen wir zum Teil andere Stoffe aus der Bibel bevorzugen, als es der bisherige Unterricht getan hat; zweitens müssen wir eine andere Auffassung an die Stoffe heranbringen. Wir müssen uns und unsere Kinder daran gewöhnen, in der Bibel nicht mehr eine allgemein gültige Heilige Schrift zu sehen, sondern den Ertrag der Geschichte eines bestimmten Volkstums, das allerdings nach wesentlichen Seiten für jede völkische Entwicklung der Zukunft vorbildlich und darum maßgebend bleiben wird. Durch eine solche Aenderung der Behandlungsweise würde sich vielleicht dasjenige verwirklichen lassen, was Goethe in jener Ausführung in der Farbenlehre gewünscht hat, „daß die Bibel als Fundament und Werkzeug der Erziehung nicht von naseweisen, sondern von wahrhaft weisen Menschen genutzt werden müsse. (J. A. 40, 154, siehe Ziffer 18.)

35. Das Gegenstück:
Goethes Begegnung mit Heinrich Heine.

Wie stark Goethe den jüdischen Geist ablehnte, und wie stark er selbst von diesem jüdischen Geist als etwas Peinliches, Wesensfremdes und geradezu körperlich Unangenehmes empfunden wurde, das wird kaum durch eine zweite Begebenheit so anschaulich dargestellt, wie durch die Begegnung, die Heinrich Heine im Herbst 1824 in Weimar mit Goethe hatte. Goethe hat Heine nach kurzem Besuch wieder entlassen, weil er sich durch die Anmaßung Heines verletzt fühlte. Er hatte ihn gefragt, womit er sich jetzt beschäftige, und Heine hatte ohne Ueberlegung geantwortet: Mit einem Faust!

Heine hat über diesen Besuch an seinen Freund Christiani in einer Weise berichtet, die wert ist, als Abschluß aller hier mitgeteilten Stellen im Wortlaut wiedergegeben zu werden:

„Ueber Goethes Aussehen erschrak ich bis in tiefster Seele, das Gesicht gelb und mumienhaft, der zahnlose Mund in ängstlicher Bewegung, die ganze Gestalt ein Bild menschlicher Hinfälligkeit. Vielleicht Folge seiner letzten Krankheit. Nur sein Auge war klar und glänzend. Dieses Auge ist die einzige Merkwürdigkeit, die Weimar jetzt besitzt. Rührend war mir Goethes tiefmenschliche Besorgnis wegen meiner Gesundheit. Der selige Wolf hatte ihm davon gesprochen. In vielen Zügen erkannte ich den Goethe, dem das Leben, die Verschönerung und Erhaltung desselben, sowie das eigentümlich Praktische überhaupt das Höchste ist. Da fühlte ich erst ganz klar den Kontrast dieser Natur mit der meinigen, welcher alles Praktische unerquicklich ist, die das Leben im Grunde gering schätzt und es trotzig hingeben möchte für die Idee. Das ist ja eben der Zwiespalt in mir, daß meine Vernunft in beständigem Kampf steht mit meiner angebornen Neigung zur Schwärmerei. Jetzt weiß ich es auch ganz genau, warum die Goetheschen Schriften im Grund meiner Seele mich immer abstießen, so sehr ich sie in poetischer Hinsicht verehrte, und so sehr auch meine gewöhnliche Lebensansicht mit der Goetheschen Denkweise übereinstimmte. Ich liege also in wahrhaftem Kriege mit Goethe und seinen Schriften, so wie meine Lebensansichten in Krieg liegen mit meinen angebornen Neigungen und geheimen Gemütsbewegungen. — Doch seien Sie unbesorgt, guter Christiani, diese Kriege werden sich nie äußerlich zeigen, ich werde immer zum Goetheschen Freikorps gehören, und was ich schreibe, wird aus der künstlerischen Besonnenheit und nie aus tollem Enthusiasmus entstehen. Zu diesen Erzgoethianern gehören auch Sartorius und seine Frau, vulgo geistreiches Wesen genannt, mit denen ich hier in

Göttingen am meisten verkehre. Ich brachte ihm Grüße von Goethe, und seitdem bin ich ihnen doppelt lieb." (Biedermann, Kleine Ausgabe 282, Große Ausgabe 2286). —

Die schamlose Selbstenthüllung des jüdischen Gegensatzes zum deutschen Geiste kann kaum treffender veranschaulicht werden, als in diesem Briefe. Goethe erscheint diesem Heine als ein nur auf die Verschönerung und Erhaltung des Lebens bedachter Genüßling, während ihm gegenüber Heine trotzig prunkt mit seinem Leben für die Idee. Er fühlt den Gegensatz der Naturen, erkennt, warum die Goethe-Schriften ihn immer abstießen, fühlt sich in wahrhaftem Kriege mit Goethe, aber ist gleichzeitig klug genug, das niemals zu zeigen. Nie wird er nach der Art eines Deutschen sich dem tollen Enthusiasmus eines rein künstlerischen Schaffens überlassen. Immer wird er alles, was er schreibt, unter „künstlerische Besonnenheit" stellen oder, wahrhaftig ausgedrückt: er wird eine Goethe-Verehrung heucheln, die er in Wirklichkeit gar nicht besitzt, bloß weil er genau weiß, daß die Maske der Goethe-Verehrung ihm den Zugang zu allen gebildeten Kreisen Deutschlands am bequemsten wird öffnen können. Rückhaltloser konnte die Ursache gar nicht enthüllt werden, warum wir im neunzehnten Jahrhundert überhaupt die Tatsache erlebt haben, daß so viele jüdische Schriftsteller und Fachgelehrte sich ausgerechnet an die Verkündigung des Goethe-Wortes und -Werkes gemacht haben.

Ehrlicher war Heines Freund, Ludwig Boerne, der in Goethe den Konservativen, den Reaktionär, den Hofmann, den Monarchen der Literatur haßt und ihn unter schlauer Umwertung der Goethe-Eigenschaften beschimpft. (Günther im Goethe-Handbuch, Artikel Judentum.)

36. Nachträge.

1. 1755. Gespräche über die Bibel im Anschluß an das Erdbeben von Lissabon. (Biedermann Nr. 2.)

„Betrachtungen aller Art über das Erdbeben von Lissabon wurden in Gegenwart der Kinder vielseitig besprochen, die Bibel wurde aufgeschlagen; Gründe für und wider behauptet; dies alles beschäftigte den Wolfgang tiefer als einer ahnen konnte, und er machte am Ende eine Auslegung davon, die alle an Weisheit übertraf. Nachdem er mit dem Großvater aus einer Predigt kam, in welcher die Weisheit des Schöpfers gleichsam gegen die betroffene Menschheit verteidigt wurde und der Vater ihn fragte, wie er die Predigt verstanden habe, sagte er: Am End' mag alles noch viel einfacher sein als der Prediger meint. Gott wird wohl wissen, daß der unsterblichen Seele durch böses Schicksal kein Schaden geschehen kann."

2. 1766. Marie Körner berichtet über Goethes Bibelkenntnis. (Biedermann Nr. 10.)

„Wir allesamt waren auf eine einzige Stube angewiesen, und so geschah es öfter, daß Goethe während unserer Lektion eintrat und sich an den Arbeitstisch des Vaters setzte. Einmal traf es sich nun, daß wir eben mitten aus einem, ihm für junge Mädchen unpassend erscheinenden Kapitel des Buches Esther laut vorlesen mußten. Ein Weilchen hatte Goethe ruhig zugehört; mit einem Male sprang er vom Arbeitstische des Vaters auf riß mir die Bibel aus der Hand und rief dem Herrn Magister mit ganz furioser Stimme zu: Herr, wie können Sie die jungen Mädchen solche H . . . geschichten lesen lassen! Unser Magister zitterte und bebte; denn Goethe setzte seine Strafpredigt noch immer heftiger fort, bis die Mutter dazwischentrat und ihn zu besänftigen suchte. Der Magister stotterte etwas von: Alles sei Gottes Wort, heraus, worauf ihn Goethe bedeutete: Prüfet alles aber nur, was gut und sittlich ist, behaltet! Dann schlug er das Neue Testament auf, blätterte ein Weilchen darin, bis er, was er suchte, gefunden hatte. Hier, Dorchen! sagte er zu meiner Schwester, das lies uns vor: das ist die Bergpredigt, da hören wir alle mit zu. Da Dorchen stotterte und vor Angst nicht lesen konnte nahm ihr Goethe die Bibel aus der Hand, las uns das ganze

— 102 —

Kapitel laut vor und fügte ganz erbauliche Bemerkungen hinzu, wie wir sie von unserem Magister niemals gehört hatten. Dieser faßte nun auch wieder Mut und fragte bescheidentlich: Der Herr sind wohl studiosus theologiae: werden mit Gottes Hilfe ein frommer Arbeiter im Weinberge des Herrn und ein getreuer Hirte der Herde werden. — Zuverlässig — fügte der Vater scherzend hinzu — wird er sein Fäßchen in den Keller und sein Schäfchen ins Trockne bringen; an frommen Beichtkindern wird's ihm nicht fehlen. — So schloß die Lektion ganz heiter, alle lachien über den Witz des Vaters, und wir eigentlich, ohne zu wissen warum."

3. 1774. Lavater berichtet über eine gemeinsame Reise mit Goethe. (Biedermann Nr. 29.)

„Eine sanfte, junge, knechtische Physiognomie eines Judensohns, der neben dem Tisch feil hatte, frappierte uns."

4. Goethes Brief an Herder vom 20. Februar 1786 (siehe oben Abschnitt 8, Seite 23), Weimarsche Ausgabe, Band 7.

„Ich vermelde, daß ich das Jüdische neueste Testament nicht habe auslesen können, daß ich es der Frau v. Stein geschickt habe, die vielleicht glücklicher ist, und daß ich gleich den Spinoza aufgeschlagen und von der Proposition: qui Deum amat, conari non protest, ut Deus ipsum contra amet, einige Blätter mit der größten Erbauung zum Abendsegen studiert habe. Aus allem diesen folgt, daß ich euch das Testament Johannis aber und abermal empfehle, dessen Inhalt Mosen und die Propheten, Evangelisten und Apostel begreift."

5. Aussprüche über Moses Mendelssohn in den Xenien, J. A. 4, Seite 188.

„Ja! Du siehst mich unsterblich! — Das hast Du uns ja in dem Phädon längst bewiesen. — Mein Freund, freue Dich, daß Du es siehst!"

37. Stellenverzeichnis.

I. Goethes Werke.

a) Sämtliche Werke, Jubiläums-Ausgabe in 40 Bänden, J. G. Cottasche Buchhandlung Nachfolger.

II. Goethes Gespräche.

— 106 —

			Seite
Band I, Seite 448		Grüner, 31. August 1821	83
„ I, „ 449		Riemer, August 1810	81
„ I, „ 449		Bankier Laemel, Mai 1811 . .	71/72

3. Eckermanns Gespräche mit Goethe. Mit Unterstützung des Goethe-Nationalmuseums besorgt von Dr. H. Th. Kroeber, Gustav Kiepenheuer, Weimar, 1913:

Seite 273 f.	7. Oktober 1828	93
„ 742—744	11. März 1832	78

III. Schriften über Goethe.

1. Houston Steward Chamberlain, Goethe, Verlag von F. Brückmann, A.-G., München 1912 . . . . . 4 u. 83
2. Max Hermann, Jahrmarktsfest zu Plundersweilern, Berlin 1900 . . . . 18, 22 f., bes. 42—44
3. Albert Köster in der Jubiläums-Ausgabe, Band 7, Seite 354 f. . . . . 44—46
4. Goethe-Handbuch, herausgegeben von Zeitler, Band II, Artikel Judentum (von Dr. Kurt Günther, Altenburg), 1917 . . . . 4, 57 u. 85

Inhaltsübersicht.

IV. Gegen die Juden-Emanzipation.

Dr. Franz Koch

»Goethe und die Juden«

Hamburg 1937

Schriften des Reichsinstituts für Geschichte des neuen Deutschlands

FRANZ KOCH

Goethe und die Juden

HANSEATISCHE VERLAGSANSTALT

Goethe und die Juden

Von

Franz Koch

Hanseatische Verlagsanstalt Hamburg

Der nachfolgende Vortrag wurde am 13. Mai 1937 auf der Münchener Tagung der Forschungsabteilung Judenfrage des Reichsinstituts für Geschichte des neuen Deutschlands gehalten.

Gedruckt in der Hanseatischen Verlagsanstalt Aktiengesellschaft, Hamburg 36 und Wandsbek

Am 2. Oktober 1824 erscheint im Goethehaus am Frauenplan, das so viele nur mit ehrfürchtig klopfendem Herzen betreten haben, Heinrich Heine vor Goethes klarem und glänzendem Auge, der einzigen Merkwürdigkeit, die, wie er witzelt, Weimar besaß[1]. Der Siebenundzwanzigjährige, der damals nur schmale Anfänge vorzuweisen hat, wird von dem Greise, der auf drei Viertel eines Jahrhunderts und auf ein Werk von unvergleichlichem Wert und Umfang zurückblickt, mit der ihm eigenen graziösen, von Besorgnis um die Gesundheit des Besuchers durchwärmten Herablassung empfangen. Den jungen Mann freilich langweilt die Unterhaltung, die sich eine Zeitlang auf ebenem Boden bewegt, leider aber, als sie interessant zu werden beginnt, auch schon zu Ende ist. Denn auf die Frage Goethes, womit er sich jetzt beschäftigte, hat Heine die abstandslose Antwort bereit: „Mit einem Faust", worauf die Gegenfrage erfolgt, ob er sonst keine Geschäfte in Weimar habe, was denn auch als deutlicher Abschiedswink nicht mißverstanden werden kann.

Heine hat charakteristischerweise über diese für ihn wenig schmeichelhafte Begegnung zunächst geschwiegen und erst später ihren Eindruck auf ihn in Briefen geschildert, die mit ihrem deutlich stilisierenden Bemühen ein Bild seines von Eitelkeit zerfressenen Wesens geben, wie man es plastischer nicht wünschen kann[2]. Geschickt wird der Bericht, der klüglich unterschlägt, daß Heine am Tage vor seinem Besuche in einem verehrungsvollen Schreiben um die Erlaubnis gebeten hatte, Goethes Hand küssen zu dürfen, nachdem er schon drei Jahre früher bekannt hatte: „Ich liebe Sie", durch eine möglichst ungünstige Schilderung von Goethes Äußerem eingeleitet: „Das Gesicht gelb und mumienhaft, der zahnlose Mund in ängstlicher Bewegung, die ganze Gestalt ein Bild menschlicher Hinfälligkeit." Natürlich sollte damit ein Rahmen geschaffen sein, in den nun der Besuch als die Begegnung von Alter und Jugend, zweier einander ablösender Epochen gestellt wird.

Heine ist klug genug, gelten zu lassen, was er meint gelten lassen zu müssen, also etwa den Goethe, „dem das Leben, die Verschönerung und Erhaltung desselben, sowie das eigentlich Praktische überhaupt das Höchste ist". Dann aber ist es Zeit, vor solcher Folie das eigene Licht auf den Scheffel zu stellen und zu erzählen, daß man da ganz klar den Gegensatz dieser Natur zur eigenen, „welcher alles Praktische unerquicklich ist, die das Leben im Grunde gering schätzt und es trotzig hingeben möchte für die Idee", gefühlt habe. „Das ist ja eben der Zwiespalt in mir", setzt er fort, „daß meine Vernunft in beständigem Kampfe steht mit meiner angeborenen Neigung zur Schwärmerei. Jetzt weiß ich es auch ganz genau, warum die Goetheschen Schriften im Grunde meiner Seele mich immer (!) abstießen, so sehr ich sie in poetischer Hinsicht verehrte und so sehr auch meine gewöhnliche Lebensansicht mit der Goetheschen Denkweise übereinstimmt. Ich liege also in wahrhaftigem Kriege mit Goethe und seinen Schriften, so wie meine Lebensansichten in Krieg liegen mit meinen angeborenen Neigungen und geheimen Gemütsbewegungen. — Doch seien Sie unbesorgt ..., diese Kriege werden sich nie äußerlich zeigen, ich werde immer zum goetheschen Freikorps gehören ..."

Es mag dahingestellt bleiben, wieweit dieses in sich widersprüchliche Selbstporträt mit der nüchternen Wirklichkeit übereinstimmt. Hier interessiert im Augenblick die Art und Weise, wie Heine die Dinge anschaut, und da ist nichts so charakteristisch wie das Bekenntnis, daß er, als er wirklich vor Goethe steht, ganz klar den Gegensatz ihrer Naturen sieht und fühlt. Im Grunde sind er und Goethe, wie er erkennt, „zwei Naturen, die sich in ihrer Heterogenität abstoßen müssen". Dabei sei nur im Vorbeigehen bemerkt, daß derselbe Mann, der sich einen Schwärmer nennt, „der selbst sein Leben für die Idee hergibt", in einem Atem versichert, er sei schon so klug, seine tiefgründige Abneigung gegen Goethe nach außen hin nicht merken zu lassen. Da war Börne ehrlicher und aufrichtiger, wenn er erklärte: „Seit ich fühle, habe ich Goethe gehaßt, seit ich denke, weiß ich warum."

Die Begegnung Heines mit Goethe ist kennzeichnend für das Problem Goethe und das Judentum und für die Art, wie beide aufeinander wirken. So rein kommt das Ergebnis solcher Berührung, gegenseitige Ablehnung, freilich nur in diesem symbolischen Vorgang zum Ausdruck, bei dem Goethe dem assimilationsbereiten Judentum in Person begegnet. Im Verlauf von Goethes Leben, in der Entwicklung seiner Anschauungen, seines Denkens aber erscheint dieses Problem in den mannigfachsten, einander auch widersprechenden Formen. So hat man sich natürlich auch mit der Frage nach Goethes Stellung zum Judentum bereits des öftern beschäftigt. Auf einem Gebiet, wo keine Frage ungefragt blieb und auch das kleinste Teilchen Geistes und Lebens vom Strahlenkegel Goethe nicht unberührt blieb, konnte doch auch diese Frage nicht völlig umgangen werden.

Nur ist da ein merkwürdiger Wandel zu beobachten. Ursprünglich hatte Goethe nicht die Gunst des Judentums. Daß Lessing sich gegen den „Götz", sich gegen „Werther" ausgesprochen hatte, daß Mendelssohn und Nicolai in dasselbe Horn bliesen, genügte im 18. Jahrhundert, die sämtliche Judenschaft von Goethe Abstand nehmen zu lassen. Das ändert sich, als der Stern Goethes im Steigen ist, als das Bekenntnis zu ihm geistigen, ja gesellschaftlichen Rang bekundet und verleiht, und bekanntlich waren es drei Berliner Jüdinnen, Dorothea Schlegel, Henriette Herz, vor allem aber die Rahel Levin, die die Aufwertung der Aktien Goethe mit Erfolg in die Hand genommen hatten. Mit solchem Erfolge, daß die Goethe-Forschung mehr und mehr zu einer Domäne des Judentums wurde, von Lewes angefangen über R. M. Meyer, Bielschowsky, Witkowski, Engel, Simmel, Gundolf, M. J. Wolff, Emil Ludwig, Julius Bab zu Brandes. Natürlich erhebt sich hier auch die Frage, wieweit in diesem Goethebild das wirkliche Wesen und Werk Goethes, und wieweit der Herren eigner Geist sich spiegelt, eine Frage, die mit allem Ernst angegangen, aber einer späteren Lösung vorbehalten bleiben muß. Für den Augenblick steht Goethes Stellung zum Judentum selbst zur Erörterung.

Auch da hat man das „Wie es eigentlich war" nicht immer gleich gesehen. Schon der Mitarbeiter und Hausgenosse Goethes, Friedrich Wilhelm Riemer, hat in seinen „Mitteilungen über Goethe" ein Kapitel den Juden gewidmet und darin, ohne auf einzelnes einzugehen, eine deutliche Abneigung spüren lassen. Man muß dem Goethe-Forscher Ludwig Geiger, der als erster sich ernstlich um die Frage nach dem Verhältnis Goethes zu den Juden bemüht hat und der selbst Jude war, die Gerechtigkeit widerfahren lassen, daß er, obwohl es ihm nicht leicht geworden sein dürfte, das Material objektiv wiedergegeben und der Wahrheit, soweit ihm das möglich war, nahezubleiben gesucht hat[3]. Das geht schon daraus hervor, daß man ihm deshalb Vorwürfe gemacht und seinen Standpunkt getadelt hat, „der indirekt anerkennt, daß die Judenfrage etwas anderes sei, als die allgemeine Frage der Humanität, der bürgerlichen Gerechtigkeit oder der Konfession[4]". Der Satz ist dem Briefe eines Geiger befreundeten Kritikers entnommen, einem klassischen Zeugnis für die Auffassung des Liberalismus von objektiver Wissenschaft, der die „Taktik" das wichtigste ist und die zu dem famosen Schlusse gelangt: „Wenn es wahr ist, daß wir jeden Menschen als Menschen betrachten und beurteilen sollen, daß wir Fehler oder Vorzüge einer Gesamtheit nicht dem einzelnen im voraus zuschreiben dürfen, so gibt es in diesem Sinne keine Judenfrage, und dürfen wir auch nicht den Schein annehmen, daß wir eine solche anerkennen[5]." Die Erregung dieses Kritikers ist begreiflich, denn

Geiger war zu dem Ergebnis gelangt, daß die Zeugnisse, „weit entfernt davon, Goethe zu dem zu stempeln, was man im gewöhnlichen Sinne einen Judenfreund nennt, doch das Bestreben bekunden, über das Phänomen des Bestandes der Juden, ihrer eigentümlichen Entwicklung ins Reine zu kommen[6]". Wir verstehen es, wenn Geiger versucht, diesem schmerzlich negativen Ergebnis doch „wenigstens teilweise den humanen Sinn, der Goethes Wesen tief eingeprägt war", abzupressen, ohne daß freilich dieser Versuch gelungen wäre. Ja, wir werden die eigentliche Erkenntnis Geigers im wesentlichen heute noch unterschreiben.

Nun ist es aber dabei nicht geblieben, sondern je länger, je mehr hat das Judentum von Goethe Besitz ergriffen und ihn, wobei man sich namentlich auf Goethes persönliche Beziehungen zu Juden wie Felix Mendelssohn, dem Dichter Michael Beer, dem Maler Moritz Oppenheim u. a., zu Jüdinnen wie Marianne von Eybenberg und Sara von Grotthus berief, zum Judenfreunde, zum typischen Vertreter jener Humanität, wie sie das Judentum deutet, umgefälscht. Man brachte es am Ende so weit, daß die „Iphigenie" neben Lessings „Nathan" als Evangelium der „reinen Menschlichkeit" gepriesen wurde, obwohl noch Geiger ganz richtig erkannt und betont hatte, daß die Schwärmerei für den „Nathan" sich schlecht mit der für die „Iphigenie" verträgt. Es konnte nicht fehlen, daß gegen eine solche Verfälschung des Goethe-Bildes Stimmen laut wurden. Vor allem war es die Chamberlains, die zur Ordnung rief, und im Gefolge Chamberlains hat Max Maurenbrecher durch seine fleißige Sammlung und Auswertung aller Äußerungen Goethes über das Judentum die ganze Frage neu aufgerollt[7], ein Beginnen, das ein wehleidiges Echo in dem Büchlein „Goethe und die Juden" (Hamburg 1925), von Heinrich Teweles, gefunden hat, wo unter dem genugsam bekannten Scheine entrüsteter Objektivität die Dinge wieder aufs gewohnte Gleis geschoben werden, während Julius Bab die Gegensätze, die schärfer hervorgetreten waren, als taktisch empfehlenswert erschien, in seinem gleich betitelten Schriftchen (Berlin 1926) wieder zu verwischen suchte. Teweles darf dabei schon so leichtfertig zu Werke gehen, daß beispielsweise der bekannte Zornausbruch Goethes, als der Sächsisch-Weimarische Landtag 1823 die Ehe zwischen Christen und Juden gestattet, mit dem Satze abgetan wird: „Man kann keinen Augenblick darüber im Zweifel sein, daß dieses Poltern der wahren Gesinnung und Art Goethes zuwiderläuft" (S. 19). Jenes liebenswürdig komische „Hierin irrt Goethe" erhält da einen ganz anderen Beigeschmack, wenn sich das bessere Wissen dieses Kritikers folgendermaßen vernehmen läßt: „So spricht ein Bierbankphilister, und so kann nur jemand sprechen, der in heftigem Unmut das nächstliegende, wenn auch falsche Argument heranholt, um einen Standpunkt zu verteidigen, von dem er selbst am besten fühlt, daß er unhaltbar ist" (S. 20). Daß diese Erregung und Äußerung Goethes in logischem und organischem Zusammenhang steht mit einer ganzen Reihe anderer, davon ist weiter nicht die Rede. Es ist eben die alte, genugsam bekannte Taktik. Solange sich irgendeine Äußerung Goethes zugunsten der Juden deuten läßt, wird ihr die Würde eines Axioms zugebilligt. Läßt sich seine ablehnende Haltung aber auf keine Weise mehr als Haben buchen, dann muß das letzte Mittel her und Goethe mit Berufung auf Moral, Menschlichkeit und Geist vor sich selber in Schutz genommen und gegen sich selber ins Unrecht gesetzt werden. Dieselbe Taktik befolgt im wesentlichen auch die jüngste Behandlung des Problems, Mark Waldmans Buch „Goethe and the Jews" (New York 1934), das seine eigentliche Absicht eindeutig durch den Untertitel „A challenge to Hitlerism" bekundet. Für seine merkwürdige Logik sei nur ein vorläufiger Beleg erbracht. Auch Waldman kann, obwohl er sich zuweilen durch unvollständiges Zitieren zu helfen sucht[8], nicht in Abrede stellen, daß Goethe, wenngleich er sich zu Zeiten als Philosemit gebärde, zu anderen recht unfreundliche Äußerungen (uncomplimentary statements, S. XIV) über die Juden getan habe, die den gegenteiligen Eindruck hinterließen. Das scheint ihm durch einen Dualismus in Goethes Wesen, einen Widerspruch zwischen Kopf und Herz verursacht, der jene Liebe zur Gerechtigkeit vermissen lasse, die Lessing in so hohem Grade besessen habe. In der Tat habe ja Goethe trotz seinem großen Interesse für die Juden keinen Finger gerührt, ihr Los zu mildern, vielmehr ihren Emanzipationsbestrebungen sich widersetzt. Es bleibt das Kunststück der Logik dieses Buches, dieses Ergebnis dennoch auf die „Menschlichkeit" Goethes hinauszudrehen und mit dem Knalleffekt aufzuwarten, daß Goethe, der Gegner der Emanzipation, im heutigen Deutschland aller Wahrscheinlichkeit nach im Konzentrationslager oder im Exil gelandet wäre! Und gleich an dieser Stelle sei auch auf den Haupttrumpf hingewiesen, den Waldman immer wieder ausspielt, daß Goethe nämlich von Meyerbeer einmal[9] als von einer „deutschen Natur" gesprochen habe. Helfe, was helfen kann, wenn bewiesen werden soll, daß Goethe den „Rassenmythus" abgelehnt habe[10]. Faute de mieux tut auch ein Zirkelschluß den Dienst. Denn entweder *hat* Goethe den Rassenmythus abgelehnt, dann unterschiebt Waldman dem Begriffe „deutsche Natur" einen Gehalt, den er unter solchen Umständen nicht haben *kann*. Oder aber Goethe gebraucht das Wort im rassischen Sinne, dann *hat* er den Rassebegriff, und Waldman ist von dieser Seite aus im

Unrecht. In Wirklichkeit geht es hier überhaupt um etwas ganz anderes, wenn man das Wort „deutsche Natur" im Zusammenhang des ganzen Gespräches wägt. Es ist da nämlich die Rede von Goethes Helena und dem am Ende opernhaften Charakter dieser Dichtung. Ein großer Komponist müßte sich, meint Eckermann, daranmachen, worauf Goethe erwidert, „es müßte einer sein, der wie Meyerbeer lang in Italien gelebt hat, so daß er seine deutsche Natur mit der italienischen Art und Weise verbände". Auf den ersten Blick ist da deutlich, daß „deutsche Natur" hier, der „italienischen Art und Weise" dort entspricht und nicht Art und Weise des Seins bedeutet, sondern des Komponierens, wie es sich ja auch bei der Helena um Fragen des Stils handelt.

Wenn Waldman sich ferner darauf beruft, daß Goethe in der Rezension von Hollands „Philosophischen Anmerkungen über das System der Natur[11]" von Marcus Herz als „unserem Herz" spricht, so ist darauf zu sagen, daß diese Rezension, wie jeder wirkliche Goethe-Kenner leicht errät, und die Weimarer Ausgabe eigens vermerkt[12], nicht von Goethe herrührt[13].

Es kann nicht die Aufgabe dieses Umrisses sein, das ganze Material noch einmal auszubreiten, vielmehr sich nur darum handeln, es noch einmal vom Ganzen her und von unserem heutigen Standpunkte aus zu überblicken, es vom Ganzen der Goetheschen Weltschau her, auf dem Hintergrunde seiner Zeit und wie diese sich dazu stellte, zu betrachten, Durchblicke zu schaffen und die entscheidenden Sichten freizulegen. Denn es kann im Augenblicke, da wir darangehen, unsern gesamten Kulturbesitz uns neu zu erobern, nicht gleichgültig sein zu wissen, wie Goethe zu der Frage gestanden hat, die uns so entscheidend bewegt.

Wer immer an sie herantritt, dem werden von der Seite derer, die Goethe so weit wie möglich auf die Seite der Judenfreunde herüberzuziehen trachten, zwei Hauptargumente entgegengehalten: Seine Hochschätzung der Bibel, d. h. in diesem Falle des Alten Testamentes, und seine besondere Verehrung Spinozas, der seine Weltanschauung wesentlich bestimmt haben soll. Um mit diesem Argumente zu beginnen, so glaube ich es mit meinem 1925 erschienenen Buche „Goethe und Plotin" widerlegt zu haben. Denn dort wird gezeigt, daß Goethes Weltanschauung im ganzen gesehen einem anders gearteten Denktypus entwächst, als derjenige Spinozas ist, einem Denktypus mystischer Haltung, wie er im Schema des Neuplatonismus begegnet und über die deutsche Mystik und alle von ihr abhängigen Strömungen wie Spiritualismus, Pietismus und Naturmystik unterschwellig durch die Zeiten geht[14].

Der bündigste Beweis gegen das Dogma von Goethes Spinozismus liegt allein schon darin, daß die entscheidenden Elemente seines Weltbildes, seiner Einheitsschau, die die Welt als einen mit sich harmonischen Organismus begreift, „wo Himmelskräfte auf- und niedersteigen und sich die goldnen Eimer reichen", Elemente, die sich dann nur reicher und voller entfalten, aber ihr Wesen nicht mehr verändern, vollzählig sich bereits in den Werken und Äußerungen Goethes nachweisen lassen, die lang vor seiner Bekanntschaft mit Spinoza, den er erst 1774 „wie auf den Raub" kennengelernt hat, liegen[15]. Das Verhältnis Goethes zu Spinoza kann niemals durch eine Reihe von Parallelstellen und Anklängen belegt werden, aus dem einfachen Grunde, weil zu den in Frage stehenden Äußerungen Goethes jeweils Parallelen auch zu anderen Denkern wie Bruno, Leibniz, Plotin u. a. beigebracht werden können. Dieses Verhältnis ist kein philologisches Problem, sondern vermag nur aus dem Ganzen und vom Werden der Goetheschen Weltschau aus richtig beurteilt zu werden. Solcher Blickrichtung und Fragestellung aber ergibt sich dann auch, daß die scheinbaren Übereinstimmungen und Gleichklänge auf, wenn man will, ein gemeinsames Urbild zurückgehen, eben auf jenen mystischen Denktypus. Dabei kann nicht entschieden genug ausgesprochen werden, daß die Spinozarenaissance, wie sie im geistigen Deutschland des ausgehenden 18. Jahrhunderts zu beobachten ist, um in Schelling dann neuerdings philosophisch fruchtbar zu werden, jene Renaissance, für die Herders Spinoza-Büchlein „Gott" das klassische Zeugnis bietet, den Spinozismus mit einem eigenen Vorzeichen versieht und dadurch seinen Grundcharakter entscheidend verändert, ihn übersetzt, auf die eigene Gefühlsebene transponiert, mit einem Worte germanisiert, verdeutscht. Denn Herder war es, der den Begriff der Ausdehnung bei Spinoza durch den der Kraft ersetzte und so dem Denken Spinozas ein ihm völlig wesensfremdes Element einschmolz, die starre Statik dieses Systems in jene lebendige Dynamik verwandelte, die die Lebensbekundungen dieser ganzen Generation begleitet. Und Herder erklärte, Goethe habe den Spinoza „ganz so verstanden wie er ihn verstehe", und sah darin einen Probierstein ihres Verhältnisses[16]. Schon Dilthey hat entschieden: „Goethe war niemals Spinozist[17]". Man mißversteht Spinoza, wenn man ihn so liest, wie Herder und Goethe ihn gelesen haben, und man mißversteht Goethe, wenn man sein organisch-biologisches Denken für baren und blanken Spinozismus hält. Die gedanklichen Kräfte, die die Keime von Goethes Weltanschauung in ihrem Wachstum richten und zur Blüte bringen, liegen in den Studien, die er im Frankfurter Krankenzimmer und in seiner ersten Straßburger Zeit getrieben hat, in den Monaten stärksten innerlichen Wachstums. Sie liegen in den Gedanken und Werken eines Bruno,

Paracelsus, Valentinus, van Helmont, Welling, Schriften, die, wie alle dieser Art, ihren Stammbaum „in gerader Linie bis zur Neuplatonischen Schule verfolgen“[18] können. Diese vielfach anonyme und pseudonyme Überlieferung neuplatonischen Gedankengutes, die Verbindung von Allgottlehre und Wertbetonung der eigenen, unwiederholbaren Persönlichkeit, wie sie der deutschen Mystik eigentümlich ist, bestimmt Goethes Weltbild viel entscheidender als das Denken Spinozas, mit dem er sich systematisch überhaupt niemals abgegeben hat. Spinoza hätte ihn nicht gefesselt, wären nicht schon Saiten seines Wesens gespannt gewesen, die nun in Schwingung gerieten. Denn natürlich soll und kann nicht in Abrede gestellt werden, daß Spinoza auf Goethe gewirkt hat, jedoch viel mehr im ethischen, den wilden Aufruhr seines Innern beruhigenden Sinne denn als weltanschauliches Musterbild, nach dem sich erst sein Denken, seine Art, Welt und Natur zu betrachten, geformt hätte. Jene Denker, denen etwa noch Jakob Böhme, wie die Kosmogonie am Ende des achten Buches von „Dichtung und Wahrheit“ verrät, anzureihen wäre, meint daher Goethe, wenn er von seinen „werten Mystikern“ spricht[19].

Und wie wäre jene typisch biologische Wendung, die Goethes Denken nimmt, von Spinoza her zu erklären, während sie bei jenen Naturmystikern, Abkömmlingen des Neuplatonismus, auf Schritt und Tritt als Ahnung zu spüren ist, wie denn überhaupt die interessante Wandlung idealistischer Denkansätze ins Organische, ja Biologische, wie sie deutlich bei Herder und Goethe einsetzt, vom Spinozismus her nicht zu verstehen ist.

Auch das zweite Argument, Goethes Schätzung der Bibel, führt in die Mitte von Goethes Weltanschauung. Tatsächlich hat Goethe die Bibel als dichterisches Erzeugnis wie als pädagogisches Instrument sehr hoch eingeschätzt und dieser Wertung wiederholt überzeugenden Ausdruck gegeben, am schönsten in der Geschichte der Farbenlehre. „Sie ist nicht etwa nur ein Volksbuch“, heißt es da[20], „sondern das Buch der Völker, weil sie die Schicksale eines Volks zum Symbol aller übrigen aufstellt, die Geschichte desselben an die Entstehung der Welt anknüpft und durch eine Stufenreihe irdischer und geistiger Entwicklungen, notwendiger und zufälliger Ereignisse bis in die entferntesten Regionen der äußersten Ewigkeiten hinausführt.“ Der geschichtliche Vortrag sei mit dem Lehrvortrag in der Bibel aufs glücklichste verknüpft, so daß einer dem andern nach- und aufhelfe. Ja — als wäre es noch nicht genug des Lobes! —, Goethe meint, die Bibel verdiene „nicht nur als allgemeines Buch, sondern auch als allgemeine Bibliothek der Völker zu gelten, und es würde gewiß, je höher die Jahrhunderte an Bildung steigen, immer mehr z. T. als Fundament, z. T. als Werkzeug der Erziehung, freilich nicht von naseweisen, sondern von wahrhaft weisen Menschen genützt werden können". Die Schätzung läßt sich, so scheint es wenigstens, nicht höhertreiben, und ein Bildungsideal scheint da aufgestellt zu sein, das nicht das unsrige sein kann. Aber man halte daneben etwa die Stelle aus dem Briefe an Zelter[21], wo Goethe davor warnt, alttestamentarische Gegenstände als Vorwurf eines Kunstwerkes zu wählen, weil man ihnen mit unverkennbarer, wenn nicht Abneigung, so „Unneigung" entgegenkomme, so wird man sich sagen müssen, daß jene Hochschätzung wohl in einem bedingten Sinne zu verstehen sein wird, der sich schon einigermaßen deutlicher abzeichnet, wenn Goethe fortfährt: „Jene Mythen, wahrhaft groß, stehen in einer ernsten Ferne respektabel da, und unsre Jugendandacht bleibt daran geknüpft. Wie aber jene Heroen in die Gegenwart treten, so fällt uns ein, daß es Juden sind, und wir fühlen einen Kontrast zwischen den Ahnherrn und den Enkeln, der uns irremacht und verstimmt." Das heißt aber, daß Goethe sehr scharf zwischen dem alten Israel und dem modernen Weltjudentum unterscheidet. Er ist sich dessen auch selbst ganz genau bewußt und drückt diesen Sachverhalt schon in dem Jugendaufsatz „Zwo wichtige biblische Fragen" auf seine Weise aus, wenn er die Geschichte und Lehre der Juden von ihrem ersten Keime bis zum Erscheinen Christi „partikular" nennt, während danach Lehre und Geschichte „universell" würden[22].

Und man halte, um dem höchsten Lob die deutlichste Verneinung entgegenzusetzen, daneben aus den Ergebnissen des Religionsgesprächs in den „Wanderjahren" (3. Buch, 11. Kapitel) die Worte über das Christentum: „An dieser Religion halten wir fest, aber auf eine eigene Weise: wir unterrichten unsere Kinder von Jugend auf von den Vorteilen, die sie uns gebracht hat, dagegen von ihrem Ursprung, von ihrem Verlauf geben wir zuletzt Kenntnis; alsdann wird uns der Urheber erst lieb und wert, und alle Nachricht, die sich auf ihn bezieht, wird heilig. In diesem Sinne, den man vielleicht pedantisch nennen mag, aber doch als folgerecht anerkennen muß, dulden wir keinen Juden unter uns; denn wie sollten wir ihm Anteil an der höchsten Kultur vergönnen, deren Ursprung und Herkommen er verleugnet[23]?" Man denke sich, um die Bedeutung dieses Ausspruches, der die Juden aus der kulturellen Gemeinschaft der Deutschen ausgliedert, richtig einzuschätzen, ein ähnliches Urteil aus dem Munde Goethes etwa über die Griechen, was einfach unvorstellbar ist. Mit ihnen fühlt Goethe sich organisch und blutnahe verbunden, während zur jüdischen Welt, die ihn von außen durch ihren Exotismus interessiert, keine lebendige Verbindung führt.

Hier fügt sich das Zeugnis ein, das Böttiger aus den neunziger Jahren überliefert[24], wonach Goethe bei erneuertem Studium Homers empfunden habe, „welches unnennbare Unheil der jüdische Praß uns zugefügt hat". Die Menschheit hätte eine andere Gestalt gewonnen, wenn sie bei Homer geblieben wäre und die biblischen Sodomitereien nicht kennengelernt hätte.

Schärfer kann man den Trennungsstrich nicht ziehen, und doch soll nun umgekehrt die Bibel als das Volksbuch deutscher Bildung gelten! Ja, mehr als das. Goethe nennt sie „das Buch der Völker", womit zugleich der nationale Gesichtspunkt, der also nicht der entscheidende sein kann, aufgegeben wird. Und er nennt sie deshalb so, „weil sie die Schicksale eines Volks zum Symbol aller übrigen aufstellt". Wir verstehen, was ihm die Bibel, so gesehen, bedeuten mußte, wenn wir uns an seine Definition der symbolischen oder eminenten Fälle, wie er sie auch nennt, erinnern. Es sind solche, wie er am 17. August 1797 an Schiller schreibt, „die in einer charakteristischen Mannigfaltigkeit, als Repräsentanten von vielen andern dastehen, eine gewisse Totalität in sich schließen, eine gewisse Reihe fordern, Ähnliches und Fremdes in meinem Geiste aufregen und so von außen wie von innen an eine gewisse Einheit und Allheit Anspruch machen". Wir wissen ferner, daß Goethe mit diesem „Aperçu" des symbolischen Falles sich ein Mittel geschaffen hatte, die kaum mehr übersehbare Fülle der „empirischen Weltbreite" zu meistern und zu gliedern, den symbolischen Fall gleichsam wie eine Abkürzung umfänglicheren Geschehens zu lesen. So sei uns denn das Buch der Bücher gegeben, „damit wir uns daran wie an einer zweiten Welt versuchen, uns daran verirren, aufklären und ausbilden mögen[25]". Nur um dieses ihres symbolischen Gehaltes willen nennt er die heiligen Schriften die „erquicklichsten, obgleich hie und da getrübten, in die Erde sich verbergenden, sodann aber rein und frisch wieder hervorspringenden Quellwasser[26]". Man sieht sofort, daß die hohe Schätzung der Bibel, die ihm im ganzen zwar ehrwürdig, aber nur im einzelnen anwendbar erscheint[27], mehr auf der Art als auf dem Gegenstande der Darstellung beruht; darauf, daß hier die Erziehung eines Volkes überhaupt, von kindhaften Anfängen bis zur höchsten staatlichen Entwicklung gegeben ist.

Zugleich aber steht Goethe mit dieser Auffassung auch noch ganz im Banne von Herders Art, die Bibel zu sehen. Herder hatte in der „Ältesten Urkunde des Menschengeschlechts" die Genesis als Niederschalg der ersten Erfahrungen eines kindhaften Volkes gedeutet und damit das bis dahin schlechthin Heilige Buch unter das Gesetz der Entwicklung gestellt. Herdersche Gedanken entwickeln sich da nun schon zu ahnender Vorwegnahme modernster Geschichtsschau, wenn Goethe am Beispiele der Geschichte der Erzväter, wie er sie im vierten Buche von „Dichtung und Wahrheit" erzählt, die Erkenntnis aufgeht: „Auf gesetzmäßiger Fortpflanzung des Menschengeschlechts ruht größtenteils die Geschichte. Die bedeutendsten Weltbegebenheiten ist man bis in die Geheimnisse der Familien zu verfolgen genötigt[28]."

Es ist Goethe nicht eingefallen, den Tatsachengehalt der Bibel als mustergültig und verpflichtend hinzustellen. Das wird hier schon deutlich. Als Student schon eifert er, wie Marie Körner überliefert[29], als eben aus dem Buche Esther, dem jüdischesten der Bibel (Kittel), vorgelesen wird, gegen diese H .... geschichten. Schaden werde, meint er später, die Bibel, wenn sie „dogmatisch und phantastisch", was sich nur auf den Inhalt beziehen kann, gebraucht werde, dagegen „nutzen wie bisher, didaktisch und gefühlvoll aufgenommen[30]."

Aber Goethes eigentliche Meinung in dieser Sache und damit seine Stellung zum Judentum läßt sich noch genauer fassen, wenn man an das Wort „Volksbuch" anknüpft. Es ist dazu freilich etwas weiter auszuholen und an den Plan eines deutschen Volksbuches zu erinnern, der Goethe im Sommer 1808 beschäftigt, eine Abschweifung, die sich jedoch für unser Thema lohnen wird. Im Sommer 1808 tritt nämlich Friedrich Niethammer im Auftrag der bayrischen Regierung von München aus an Goethe mit der Idee eines Volksbuches heran, welches das Beste und Vorzüglichste unserer klassischen Schriftsteller enthalten, und das Goethe herausgeben sollte. Natürlich steht diese Idee im Zusammenhange mit der Wiedergeburt volkhafter Bestrebungen in der Romantik, wie denn auch Niethammer das Bedürfnis eines solchen Buches aus demselben Geiste mit der Frage begründet: „In welchem Punkte der Bildung berührt sich denn noch der Vornehme mit dem Volke, nachdem dieses nicht einmal einerlei Gesang mit jenem gemeinschaftlich haben soll?" Läßt sich doch, sagt er in seinem „Vortrag", „kein unglücklicher gewähltes Mittel denken, als durch die *Kunsttheorie* den *Kunstsinn* bilden zu wollen, und man dürfte beinahe behaupten, daß *Kunst* und *Kunstgefühl* in einer Nation aufgehört haben, wann in derselben die Kunsttheorie so bestimmt hervortritt und sich so allgemein verbreitet, als unter uns geschehen ist. Durch die Theorie tritt der *Kunstverstand* an die Stelle des *Kunstgefühls*, und damit gehen *Kunst* und *Kunstgefühl* in bloßes Reden von der Kunst über." Die Griechen besäßen in Homer ein solches Bildungsmittel, bei uns habe die deutsch gewordene Bibel diese Stelle vertreten, nun aber aufgehört, dieses Nationalbuch zu sein und werde sich auch nicht mehr dazu erheben. Das Bedürfnis nach einem solchen Nationalbuche sei also nicht zu leugnen. Da es aber ein Geschenk Gottes sei, das die Völker sich nicht durch eigene Klugheit zu geben vermöchten, müsse ein Ersatz geschaffen werden und zwar durch Klassiker, „deren Ruf und Ansehen keinem Zweifel unterworfen ist: denn hierin kann eine gesetzliche Autorität, die einer Sammlung gegeben werden möchte, nicht aushelfen[31]".

Es interessiert zu sehen, wie Goethe, der dieser Homer der Deutschen werden soll, sich dazu stellt. Er fühlt sofort die Wichtigkeit des Unternehmens und beantwortet die ihm in Karlsbad verspätet zugekommene Anfrage Niethammers nach seiner Bereitwilligkeit sogleich zustimmend, wobei er freilich auch die Schwierigkeiten eines solchen Unternehmens betont. Elf Tage später[32] antwortet er ausführlich in einer Beilage, worin er sich des näheren über die inneren Bedingungen einer solchen Sammlung ausläßt und sich über die doppelte Möglichkeit einer Lösung des Planes verbreitet, nämlich entweder eine Anthologie oder ein Volksbuch historischen Inhaltes zu schaffen. Am Ende kam freilich nichts davon zustande, doch sind in unserem Zusammenhange die Aufzeichnungen von Bedeutung, die Goethe sich für seine Darlegungen gemacht hat, die als „Schemata zu einem Volksbuch historischen Inhalts" erhalten sind und Goethes allererste Gedanken, wie sie noch an dem Tage, an dem er von dem Plane Kenntnis erhielt, in ihm aufgestiegen sind, schlagwortartig festhalten. Und wenn wir da die Bemerkung herausheben: „Die höchste Form einer solchen Sammlung finden wir in der Bibel[33]", so haben wir eben damit den Anschluß an unser Thema gefunden. Denn aus diesem Satze geht klar hervor, was früher behauptet worden ist, daß Goethe vor allem die Form der Bibel beeindruckt hat, daß er in ihr das Muster eines Volksbuches erkennt, und zwar deshalb, weil ihm die „biblische Form" als Symbol dafür aufgegangen ist, wie ein Volk sein Werden und Wachsen schauen und sich so jederzeit bestätigt sehen soll.

So wird ihm die Bibel zum Muster, „um eine Weltgeschichte in unserem Sinne anzureihen", denn sie beginnt mit der Kosmogonie und endet mit der Zerstreuung der Juden in die Weltmasse. „Und doch wieder auftauchend. Noch fortlebend. Fortwirkend. Noch immer, mit Ermanglung aller alten Tugenden, bey Gegenwart aller früheren Fehler, zeigt es einen bestimmten Charakter und ein entschiedenes Talent[34]."

Mit diesen fragmentarischen, das jüdische Volk charakterisierenden Bemerkungen wird bereits der Einschlag eines anderen Elementes augenfällig, das sogleich näher betrachtet werden soll, der Einschlag eines Gedankens, der nun schon den Inhalt der Bibel betrifft, die dadurch zum zweiten Male, nun aber von der gehaltlichen Seite her, die Würde eines symbolischen Falles erhält. Es ist der Gedanke, daß der Träger dieser symbolischen Schicksalsformen ein zäh festgehaltenes, sich immer gleichbleibendes und immer als solches erkennbares Volkstum ist. Da Goethe, wie noch zu zeigen sein wird, diese zweite, inhaltliche Voraussetzung auch für die Deutschen gegeben sieht, handelt es sich also darum, die Schicksale dieses seines Volkes nach dem Muster der Bibel in einem Volksbuche symbolisch darzustellen. Dieses deutsche Volksbuch sollte, wie das Schlagwort „Wir welthistorisch" verrät, auf die welthistorische Sendung und Stellung des deutschen Volkes Bedacht nehmen, denn mit dem Untergang der alten Welt wird „deutsch" zum „Faden und Symbol[35]".

Zusammenfassend läßt sich also sagen, daß Goethe die Bibel einmal als mythisch-dichterische Schöpfung, sodann als Muster eines Volksbuches, als Selbstdarstellung eines zähen, scharf geprägten Volkstums schätzt, dem er im übrigen keineswegs sympathisierend gegenübersteht. Auch diese Erkenntnis von der Eigenständigkeit der Juden ist Goethe schon in jungen Jahren aufgegangen und selbstverständlich. Die erste der „Zwo biblischen Fragen", die Frage: „Was stund auf den Tafeln des Bundes?" beantwortet er ja dahin: nicht etwa die Zehn Gebote, also „Universalverbindlichkeiten", sondern das „Zeugnis des Bunds, mit dem sich Gott ganz besonders Israel verpflichtete", also ein nationales Abkommen. Man versteht, wie ihm später aufgeht, die Bibel um so besser, „je mehr man einsieht und anschaut, daß jedes Wort, das wir allgemein auffassen und im besonderen auf uns anwenden, nach gewissen Umständen, nach Zeit- und Ortsverhältnissen einen eigenen, besonderen, unmittelbar individuellen Bezug gehabt hat[36]". Demnach hat Goethe die Bibel nicht wegen ihres allgemein-gültigen, religiösen Gehaltes geschätzt, sondern als Bekundung volkstümlich jüdischen, d. h. besonders ausgeprägten Lebens, und nicht allgemein rationale, sondern organisch-biologische Ursachen bestimmen seine Haltung.

In diesen Zusammenhang gehört auch die Begründung, die der Älteste der Pädagogischen Provinz der „Wanderjahre" dafür gibt (2. Buch, 2. Kapitel), daß man die Geschichte des israelitischen Volkes als Musterbild aufgestellt habe, was ja ganz jener andern Maxime, den Juden keinen Anteil an der eigenen Kultur zu gönnen, widersprechen würde, also einen besonderen Grund haben muß. Vor dem ethnischen Richterstuhle, heißt es daher nun, vor dem Richterstuhl Gottes der Völker werde nicht gefragt, „ob es die beste, die vortrefflichste Nation sei, sondern nur, ob sie daure, ob sie sich erhalten habe. Das israelitische Volk hat niemals viel getaugt, wie es ihm seine Anführer, Richter, Vorsteher, Propheten tausendmal vorgeworfen haben; es besitzt wenig Tugenden und die meisten Fehler anderer Völker: aber an Selbständigkeit, Festigkeit, Tapferkeit und, wenn alles das nicht mehr gilt, an Zähheit sucht es seinesgleichen. Es ist das beharrlichste Volk der Erde; es ist, es war, es wird sein, um den Namen Jehovah durch alle Zeiten zu verherrlichen[37]."

Hier wird wohl deutlich, daß man Goethe trotz den positiven Aussagen keinen Philosemiten nennen kann. Er ist objektiv genug, was am jüdischen Volke anzuerkennen ist, anzuerkennen; aber man ist keinen Augenblick darüber im Zweifel, daß er dieses selbständige und scharf sich absondernde Volkstum als ein völlig fremdes, vom deutschen grundverschiedenes betrachtet. Ebenso aber wird hier schon der echt Goethesche Gedanke sichtbar, ein Volk um so höher einzuschätzen, je zäher es sich zu behaupten weiß. Auch dieser Gedanke aber, der von denen, die Goethe um jeden Preis zum Judenfreunde machen wollen, immer wieder triumphierend aufgezeigt wird, hat nur dann überhaupt einen Sinn, wenn man die Juden als ein eigenes, vom Deutschtum aus gesehen, als ein fremdes Volk erkennt. Nicht als Juden hat Goethe, so paradox das klingen mag, die Juden, sehr bedingt, geachtet, sondern als Angehörige eines Volkes, das seine besondere, keineswegs sympathische Art zäh und rein durch die Geschichte hin behauptet. Er hat sie mit dem ruhigen, unbestechlichen Blick des Naturforschers betrachtet und studiert, mit dem Auge des Erkennenden, das dort am freudigsten aufleuchtete, wo das geheime Urbild der „bestimmten Gestalt" am reinsten sich erhalten zu haben schien, wo ein bestimmtes geprägtes Leben am zähesten seine Individualität, seine Eigenart darlebte und bewahrte, so daß die zufällige, immer wieder aufscheinende, sich überall durchsetzende Art nicht an sich, sondern als Symptom der Mächtigkeit dieses Lebens gewertet wird. Nicht anders, mit demselben kühlen biologischen Blick, sieht Goethe auch geschichtliches Leben, wie namentlich an den Noten und Abhandlungen zum Diwan sichtbar wird. Das Ergebnis langjähriger geschichtlicher Studien gibt er mit der Bemerkung, „daß, mag auch ein Land noch so oft von Feinden erobert, unterjocht, ja vernichtet sein, sich doch ein gewisser Kern der Nation immer in seinem Charakter erhält und, ehe man sich's versieht, eine altbekannte Volkserscheinung wieder auftritt[38]", eine Erkenntnis, deren umstürzende Tragweite erst uns sich erschließt.

Damit stehen wir aber auch dort, wo sich ein Blick auf unser Problem vom Ganzen der Goetheschen Schau aus ermöglicht. Goethe anerkennt die Zähigkeit und Tüchtigkeit dessen, was wir Rasse nennen. Er anerkennt die Energie der Juden, die sich freilich immer nur auf unmittelbare Zwecke richtet, ihr entschiedenes Bestreben, das freilich immer irdisch, zeitlich, augenblicklich bleibt[39]. Er spricht, wenn dem Berichterstatter Ludwig

Frankl voller Glaube zu schenken ist, mit dem jüdischen Bankier Laemel in Karlsbad von seiner Achtung und Bewunderung für das bibelschöpferische Volk und den Dichter des Hohenliedes[40]. Er hat die Juden bisweilen sogar als Vorbild aufgestellt, in dem Sinne freilich, in dem ihm die Bibel zum Muster des Volksbuches geworden ist, d. h. aber als Ansporn dazu, die eigene Art und Wesenheit in gleicher Weise durchzusetzen und zur Geltung zu bringen. Er beschäftigt sich wissenschaftlich mit der Bibel, er hat einzelne Juden wie Felix Mendelssohn durch seinen persönlichen Umgang ausgezeichnet, sich von Jüdinnen die Zeit vertreiben und schöntun lassen. Umgekehrt aber spricht er von den „jüdischen Pfiffen, mit denen der neue Sokrates — gemeint ist Moses Mendelssohn mit seinen ‚Morgenstunden' — zu Werke geht" und mit denen er die „schnurrenden Flüglein" des Christen nach und nach umspinnt[41]. Im ganzen ist ihm das Judentum etwas absolut Fremdes, das er in der Jugend halb mit Abscheu, halb mit Grauen betrachtet, und auch später sind ihm die Juden vor allem das Volk der Schacherer und Wucherer[42].

Mit dreißig Jahren in der zweiten Fassung seines „Jahrmarktsfestes in Plundersweilern" (1778) läßt er durch Haman, den Minister Ahasvers, ein Bild des Judentums zeichnen, das durch Goethes historischen Weitblick für das Zerstörende des Judentums in Erstaunen setzt, ein Bild, das nichts von seinem drohenden Ernste verliert, dadurch, daß es eine Farce umrahmt, die für Goethe das Mittel war, im Narrenkleide der Gesellschaft bittere Wahrheiten zu sagen:

„. . . Du kennst das Volk, das man die Juden nennt,
Das außer seinem Gott nie einen Herrn erkennt.
Du gabst ihm Raum und Ruh, sich weit und breit zu mehren
Und sich nach seiner Art in deinem Land zu nähren;
Du wurdest selbst ihr Gott, als ihrer sie verstieß
Und Stadt- und Tempelpracht in Flammen schwinden ließ;
Und doch verkennen sie in dir den güt'gen Retter,

. . . .

Verachten dein Gesetz und spotten deiner Götter,
Daß selbst dein Untertan ihr Glück mit Neide sieht
Und zweifelt, ob er auch vor rechten Göttern kniet.

. . . .

. . . . sie haben einen Glauben,
Der sie berechtiget, die Fremden zu berauben,
Und der Verwegenheit stehn deine Völker bloß.

Der Jude liebt das Gold und fürchtet die Gefahr.
Er weiß mit leichter Müh' und ohne viel zu wagen,
Durch Handel und durch Zins Geld aus dem Land zu tragen.

. . . .

Das alles ließe sich vielleicht auch noch verschmerzen;
Doch finden sie durch Geld die Schlüssel aller Herzen,
Und kein Geheimnis ist vor ihnen wohl verwahrt.
Mit jedem handeln sie nach einer eignen Art.
Sie wissen jedermann durch Borg und Tausch zu fassen;
Der kommt nie los, der sich nur einmal eingelassen.

. . . .

Es ist ein jeglicher in deinem ganzen Land
Auf ein' und andre Art mit Israel verwandt,
Und dieses schlaue Volk sieht einen Weg nur offen:
So lang' die Ordnung steht, so lang' hat's nichts zu hoffen.
Es nährt drum insgeheim den fast gelöschten Brand,
Und eh' wir's uns versehn, so flammt das ganze Land[43]."

Wenn nun Goethe trotz dieser vernichtenden Kritik, die jede Gemeinschaft zwischen Wirts- und Gastvolk ausschließt, doch auch die guten Seiten sieht, so wäre er dessen nicht fähig, wenn er das Judentum nicht mit einem Maße beurteilte, das er nicht an sich und seinesgleichen anlegt. Er wäre dazu nicht imstande, wenn er im Judentum nicht eine Wesensart sich ausleben sähe, die mit der seinigen und mit der seines Volkes nichts zu schaffen hat und nichts zu schaffen haben soll.

Das sind Widersprüche, die wohl vergangenen Zeiten auf der Ebene abstrakter Begriffe als solche erscheinen konnten, die sich aber sofort lösen, ihre Widersprüchlichkeit verlieren, wenn man sich auf den Boden von Goethes organisch-biologischer Weltanschauung stellt. Man braucht dann auch nicht zwischen Kopf und Herz, zwischen Goethes Erkenntniskraft und seiner Gerechtigkeitsliebe zu scheiden, ganz abgesehen davon, daß eine Betrachtungsweise, die eine solche Scheidung einem Goethe gegenüber nötig macht, dem einheitlichsten und geschlossensten Menschen der Zeit, den wir kennen, an sich ihre Unzulänglichkeit verrät. Goethe ist der Typus des biologischen Denkers, soweit das überhaupt mitten in der Epoche des deutschen Idealismus möglich war, des Denkers, der erkannt hat: „So mußt du sein, dir kannst du nicht entfliehn", der das Verhältnis von Ich und Welt, von Freiheit und Notwendigkeit, Schuld und Schicksal, Daimon und Tyche, wie er es nennt, durch die geniale Formel des einen Verses löst: „Geprägte Form, die lebend sich entwickelt."

Er ist damit dem Begriffe der Rasse näher als irgendeiner seiner Zeit. Und nicht nur dem Begriffe, sondern einer Einheitsschau, die darauf sich aufbaut. Wie sehr ihm daran gelegen war, gerade hier richtig verstanden zu werden, geht daraus hervor, daß er seine Gedanken, wozu er sich in den seltensten Fällen entschloß, noch in einem eigenen Kommentar zu dem Gedichte „Urworte. Orphisch“ erläutert hat. Danach bedeutet Daimon „die notwendige, bei der Geburt unmittelbar ausgesprochene, unbegrenzte Individualität der Person, das Charakteristische, wodurch sich der einzelne von jedem andern, bei noch so großer Ähnlichkeit unterscheidet[44]“. Daß Goethe das Individuelle betont, während wir im Begriff der Rasse mehr das Einigende sehen, ist durch seine Kampfstellung gegen das aufklärerische Dogma von der allgemeinen, unterschiedslosen Gleichheit bedingt. Daher bedeutet Daimon „angeborene Kraft und Eigenheit“, die mehr als alles übrige das Schicksal des Menschen bestimmt, das entscheidende Einzelne, das „als Endliches gar wohl zerstört, aber so lang sein Kern zusammenhält, nicht zersplittert, noch zerstückelt werden (kann), sogar durch Generationen hindurch“. Gewiß stehen, wie sich hat nachweisen lassen, diese Gedanken auch in einer philosophischen Tradition, die vom Neuplatonismus zu Leibnizens Monaden führt; ebenso deutlich aber ist hier die Stelle sichtbar, wo solche idealistische Vorstellungen ins Organische umgebogen werden, einen neuen organischen Gehalt gewinnen, in welchem Sinne Goethe ja auch den Entelechie-Begriff verwendet. So schöpft Goethe zwar noch aus dem Formenschatz idealistischen Denkens, der Gehalt dieser Formen aber gewinnt eine organisch-biologische Färbung. Während Tyche alles das bezeichnet, was von außen her auf den Menschen einwirkt, ist Daimon, „dieses feste, zähe, dieses nur aus sich selbst zu entwickelnde Wesen“, als Abstammung und Herkunft etwas Schicksalhaftes, nichts Zufälliges, das sich durchsetzt und durchhält, „die eigentliche Natur, der alte Adam und wie man es nennen mag, der, sooft auch ausgetrieben, immer wieder unbezwinglicher zurückkehrt“, so daß der Mensch, was immer er unternehme, wohin immer er sich wenden mag, „stets auf jenen Weg wieder zurückkehren (wird), den ihm die Natur einmal vorgezeichnet hat[45]“. Daß Goethe hier etwas ertastet, jene unentrinnbare Abhängigkeit, die wir als Rasse bezeichnen, geht daraus hervor, daß er bei diesen Überlegungen ausdrücklich auf die Judenschaft Bezug nimmt, indem er sie als ein „wichtiges Beispiel hartnäckiger Persönlichkeit“ anführt[46].

In demselben Boden wurzelt der Gedanke, den Goethe am 15. März 1808 im Tagebuche vermerkt[47]: „Deutsche gehen nicht zugrunde wie die Juden, weil es lauter Individuen sind“, ein Gedanke, der, wie noch zu zeigen sein wird, offenbar durch die damals in Frankfurt dringlich gewordenen Emanzipationsbestrebungen der Juden ausgelöst wurde. In seiner Tiefenwirkung aber kann er erst eigentlich von den „Urworten“ her verstanden werden. Er besagt dann nichts anderes, als daß beide, Deutsche wie Juden, „geprägte Form“, „eigentliche Natur“ haben, also aufs deutlichste voneinander unterschieden sind, so sehr sie in der Tatsache, daß sie Individuen sind, einander gleichen mögen. Ein andrer sehr interessanter Beleg für das, was wir zumindest als Vorahnung rassischer Erkenntnisse ansprechen dürfen, findet sich in den „Maximen und Reflexionen“. „Die Natur“, lesen wir da, „gerät auf Spezifikationen wie in eine Sackgasse; sie kann nicht durch und mag nicht wieder zurück; daher die Hartnäckigkeit der Nationalbildung[48].“ Ursprünglich aber hieß es: „Die Juden sind in der höheren Organisation ein Beispiel“, nämlich dafür, daß die Natur in eine Spezifikation gerät, wo sie nicht mehr zurück kann[49]. Solche Formulierungen zeigen zur Genüge, daß Goethe im Juden geradezu einen Extremfall der Spezifikation sieht, der sich durch seine „hartnäckige Natur“, wie es ein andermal heißt[50], ein für allemal von anderen Nationalbildungen unterscheidet. Hat man einmal das Gewicht dieser Zeugnisse, die alle nach dem Mittelpunkt von Goethes Weltanschauung gravitieren, also nicht etwa nur zufällige Äußerungen sind, erkannt, dann wird man auch hinter dem von Eckermann überlieferten Gespräch Goethes mit Martius[51], das man zunächst scherzhaft zu nehmen geneigt ist, den Ernst von Goethes wirklicher Meinung nicht überhören. Man kommt da auf die Menschenrassen zu sprechen, auf die Frage, ob sie wirklich alle von einem Menschenpaare abstammten. Martius entscheidet sich für diese Annahme und begründet das mit dem Hinweis auf die Sparsamkeit, mit der die Natur überall zu Werke gehe. Goethe bestreitet das auf das entschiedenste und behauptet, daß die Natur im Gegenteile sich immer verschwenderisch erweise, und es daher mehr in ihrem Sinne sei, anzunehmen, „sie habe statt eines einzigen armseligen Paares die Menschen gleich zu Dutzenden, ja zu Hunderten hervorgehen lassen“. Martius pariert scherzhaft mit dem Einwand, er fühle sich als guter Christ gegenüber dieser Ansicht in einiger Verlegenheit, worauf Goethe erwidert, die Männer, die das Wort Gottes aufzeichneten, hätten es zunächst mit ihrem Volke zu tun gehabt. „Und so wollen wir auch“, fährt er fort, „diesem die Ehre seiner Abstammung von Adam keineswegs streitig machen. Wir andern aber, sowie auch die Neger und Lappländer, und schlanke Menschen, die schöner sind als wir alle, hatten gewiß auch andere Urväter; wie denn die werte Gesellschaft gewiß zugeben wird, daß wir uns von den echten Abkömmlingen Adams auf eine gar mannigfaltige Weise unterscheiden, und daß sie, besonders was das Geld betrifft, es uns allen zuvortun.“ Das ist nur der Form nach scherzhaft, und Eckermann hat recht, wenn er bemerkt, daß Goethes Äußerung, die sicherlich Goethes eigenste Überzeugung wiedergibt, „aus dem Grunde eines tiefern Hinterhalts hervorging[52]".

Diese Überzeugung aber führt zu einer unabweisbaren Folgerung, die Goethe auch gezogen hat, ja, die ihm selbstverständlich ist. Er schätzt, wie sich hat erkennen lassen, ein Leben um so höher ein, je entschiedener, „abgemessen zu seinem Zustande", es sein Wesen ausprägt. So mußte Goethe zum Gegner der Judenemanzipation, die ja letztlich auf Rassenmischung hinauslief, werden, ohne daß er dadurch gehindert war, die Juden als solche und auf ihrem Felde gelten zu lassen. Was, rein logisch gesehen, als Widerspruch erscheint, hat auf dem Boden organisch-biologischer Anschauungen seine völlige Richtigkeit und Gültigkeit.

Die Emanzipation der Juden war während der Besetzung von Teilen Deutschlands durch die Franzosen auch in diesen besetzten Gebieten dringlich geworden. Von vornherein ist Goethe sich darüber klar, was das bedeutet, wie die Tagebuchstelle vom 25. Mai 1807[53] beweist: „Gespräche über mancherlei Phänomene der neueren Zeit, was die Deutschen, besonders die nördlichen, waren und hatten; was sie zu verlieren in Gefahr sind, das zunächst eindroht ..." Was aber Goethe als Ursache dieser drohenden Gefahr ansieht, besagt der Schluß des Absatzes: „Einwirkung der Pfaffen und Juden."

Schon im folgenden Jahre hatte Goethe Gelegenheit, Gefahren, wie er sie in der Emanzipation der Juden sah, näher zu studieren. 1807 hatte der Fürst Primas Karl Theodor von Dalberg seine Residenz in Frankfurt aufgeschlagen und in dieser Eigenschaft den Juden im Zuge der von Napoleon ausgelösten Bewegung am 30. November 1808 eine neue Verfassung von Paris aus gegeben, die „Stättigkeits- und Schutzordnung der Judenschaft zu Frankfurt a. M.", wodurch die alte Stätte-Ordnung von 1616 aufgehoben wurde. Frau Rath Goethe schreibt darüber an ihren Sohn, daß „das Volk Israhel zu deutsch die Juden ... an ihrem Mesias etwas irre geworden" seien[54].

„Unser gnädigster Fürst Primas erlaubte ihnen zum Anfang Seiner Regierung die Spatziergänge vor den Thoren mit den Christen gemeinschaftlich zu gebrauchen — da bildeten sie sich nun ein das es immer weiter gehen würde und sie sahen die Thore des neuen Jerusalems sich öffnen." Die neue Ordnug aber, „ein wahres Meisterstück in seiner art", habe sie stutzig gemacht. Nun kämen allerlei witzige Epigramme darüber in Umlauf. Da im Februar desselben Jahres auch Bettina Brentano ihm berichtet, daß alle Juden schrieben und dabei lächerliche und witzige Sachen herauskämen[55], ist Goethe neugierig geworden und ersucht die Freundin[56], ihm gelegentlich die jüdischen Broschüren zu senden, damit er sehe, „wie sich die modernen Israeliten gegen die neue Städtigkeit gebehrden, in der man sie freilich als wahre Juden und ehmelige kaiserl. Kammerknechte tractirt". Ende März willfahrt Bettina seinem Wunsche und erbietet sich, auch das Journal „Sulamith", das die Juden ihr „als ihrem Protektor und kleinen Nothelfer" verehren, noch zukommen zu lassen, eine Sendung, deren Empfang Goethes Tagebuch am 1. April 1808 bestätigt. Zwei Tage später schreibt er ihr: „Die Documente philanthropischer Christen- und Judenschaft sind glücklich angekommen, und Ihnen soll dafür, liebe kleine Freundinn, der beste Dank werden. Es ist recht wunderlich, daß man eben zu der Zeit, da so viele Menschen todtgeschlagen werden [eine Anspielung auf den spanischen Aufstand gegen Karl IV.], die übrigen aufs beste und zierlichste auszuputzen sucht. Fahren Sie fort, mir von diesen heilsamen Anstalten [gemeint ist das in Frankfurt zur Hebung der Judenschaft gegründete Philanthropin] als Beschützerinn derselben, mir von Zeit zu Zeit Nachricht zu geben. Dem Braunschweigischen Juden Heiland ziemt es wohl, sein Volk anzusehen, wie es seyn und werden sollte; dem Fürsten Primas ist aber auch nicht zu verdenken, daß er dies Geschlecht behandelt, wie es ist, und wie es noch eine Weile bleiben wird."

Mit dem braunschweigischen Judenheiland ist der Hoffaktor und Kammeragent des Herzogs von Braunschweig, Israel Jacobsohn, gemeint, ein eifriger Fürsprecher der Judenemanzipation, der, nachdem Braunschweig dem Königreich Westfalen einverleibt worden war, als Präsident eines jüdischen Konsistoriums, das sich nach Art des Pariser Synedrions gebildet hatte, nach Kassel ging. Schon im März 1805 hatte er für Frankfurt einen von Frankreich einzusetzenden souveränen jüdischen Rat gefordert, der einen eigenen hierarchischen jüdischen Staat im christlichen Staat gebildet hätte[57].

Dieser Jacobsohn hatte eine „Unterthänigste Vorstellung an Seine Hoheit den Fürst Primas über Höchstdessen neue Stättigkeits- und Schutzordnung[58]" erscheinen lassen, worin er diese Stättigkeitsordnung kritisierte, und auf die sich Goethes Worte vom Judenheiland beziehen. Bettina hatte auch diese Broschüre an Goethe geschickt, die er gleich nach Empfang gelesen hatte. Es ist zunächst von Wichtigkeit, zu sehen, wie Dalberg selbst damals die Judenfrage beurteilt hat. In einem Reskript vom 30. November 1807 an die Generalkommission in Frankfurt gibt er darüber Rechenschaft[59]. Hier sind die Juden für ihn eine fremde Nation, die fremd bleiben werde, solange sie sich nicht durch gänzliche Ablegung ihrer Vorurteile und Gewohnheiten, namentlich des Vorurteils gegen eine engere Gemeinschaft mit den Christen und durch Annahme der Landessitten und -gebräuche mit der Mehrzahl der Einwohner vermische. Solange dies nicht geschehe, halte er, der Fürst Primas, es für unmöglich und ungerecht, den Juden „durchaus gleiche Rechte mit den christlichen Einwohnern zu geben". Sie seien daher unter Wahrung der von ihnen erworbenen Rechte als Fremde zu behandeln. „Rechte hingegen, welche sie niemals erworben hatten, und deren Gestattung höhere, besonders polizeiliche Rücksichten nicht anraten, und welche sich auf die bürgerliche Verfassung der Staaten und der Oerter gründen, worin sie wohnen, können ihnen nicht gewährt werden, solange sie selbst fremd, und durch angeerbte (!) und fortgesetzte Meinungen über Religion, Sitten, Gebräuche und Gewohnheiten Separatisten bleiben, und hierin nichts mit dem Corpore civium, unter denen sie wohnen, gemein haben wollen."

Ausdrücklich spricht der Kirchenfürst von Nationen und weniger komme die christliche Religion als solche denn als nationaler Kultus, der tief mit Lebensart und Sitte verwebt sei, wiederum also als volkstümliches Element, in Betracht. Für Dalberg ist die ganze Frage mehr eine solche der Assimilation, d. h. des Blutes, als des religiösen Bekenntnisses, mithin nicht nur eine Angelegenheit der Religionsparteien sondern auch des Staates. Er hatte daher in seiner Stättigkeitsordnung u. a. festgesetzt, daß die Rabbiner zwar von der Judenschaft vorgeschlagen, aber durch das Konsistorium augustanae confessionis geprüft und von Fürsten gewählt werden sollten, ferner daß die Juden an die ordentlichen Gerichte zu verweisen seien, das jüdische Schulwesen so wie das christliche unter staatliche Aufsicht genommen werde, daß jeweils nicht mehr als 500 jüdische Familien in Frankfurt leben dürften. Gegen alle diese Verfügungen erhebt Jacobsohn Einspruch, wobei er das Problem auf die religiöse Ebene verschiebt, um so zu erweisen, daß es „für den Herrscher in Hinsicht auf die unmittelbare Verbesserung der Religion nichts zu tun gibt" (S. 5), und um sich dagegen zur Wehr zu setzen, daß die Juden aus der Hand des Staates „nicht nur mit stummer, sondern auch mit treuer Unterwürfigkeit hinnehmen sollen, was wir als Befehle, wenn wir es von andern nehmen, einzig von der Gottheit Hand empfangen können" (S. 7). Diese keineswegs bescheidene Sprache besagt aber nichts anderes, als daß der alte Anspruch der Auserwähltheit aufrechterhalten wird und es den Juden nicht einfällt, sich wie andre den Gesetzen des Staates zu fügen, der ihnen das Leben sichert.

Daß Goethe nicht auf seiten dieses „Braunschweigischen Juden Heilands" steht, ist demjenigen gewiß, der den Gefühlswert von Goethes Worten zu erspüren weiß. Jeden möglichen Zweifel über seine Stellung

in der Frage der Judenemanzipation aber behebt sein Brief vom 20. Mai 1808 an Bettina. Mittlerweile sind, wie das Tagebuch am 19. April vermeldet, wiederum Flugschriften bei Goethe eingelaufen, darunter eine „Gegenschrift gegen Jacobsohn". Es sind dies die anonym erschienenen „Bemerkungen über ... Israel Jacobsohns unterthänigste Vorstellung u. s. w. 1808". Darüber schreibt nun Goethe: „Es war mir sehr angenehm zu sehen, daß man den finanzgeheimrätlichen, Jacobinischen Israels Sohn so tüchtig nach hause geleuchtet hat. Können Sie mir den Verfasser der kleinen Schrift wohl nennen? Es sind treffliche einzelne Stellen drinn, die in einem Plaidoyé von Beaumarchais wohl hätten Platz finden können. Leider ist das ganze nicht rasch, kühn und lustig genug geschrieben, wie es hätte sein müssen, um jenen Humanitätssalbader vor der ganzen Welt ein für allemal lächerlich zu machen[60]".
Diese „Bemerkungen" haben also nicht nur sachlich Goethes uneingeschränkten Beifall gefunden; Goethe nennt Jacobsohn einen Humanitätssalbader, der vor der ganzen Welt lächerlich gemacht werden müßte. Indem jener Anonymus auf die Forderungen Jacobsohns eingeht und die Widersprüche in dessen Darstellung aufdeckt, zeigt er, daß die Stättigkeitsordnung, weit entfernt davon, den Judaismus als Religion zu bedrängen, einfach die Formen bürgerlicher Verhältnisse durch das Gesetz bestimmt. Eben das aber wollten die Juden nicht: „Der Staat mischt sich ein, und das ist Druck, weil der Herrscher und seine Räte nicht zu den Juden gehören. Der bessere, der aufgeklärtere Teil der Judenschaft soll einrichten und anordnen: er ist von Gott recht eigentlich dazu berufen" (S. 18).

Der Klage, daß nicht mehr als 500 Judenfamilien in der Stadt sich aufhalten dürften, begegnet die Frage: „Sollen die Christen ihre Vaterstadt verlassen, nach Asien ziehn, damit recht viele Juden hier im Vaterlande gedeihen?" (S. 23). Wäre die Lage der Juden wirklich so schlimm und gedrückt, wie Jacobsohn sie darstelle, so würde Frankfurt bald ohne Juden sein. Billigerweise fordere die Regierung das meiste an Abgaben, denn auch darüber hatte Jacobsohn geklagt, von denen, die das meiste gewännen und die Ausnahme bezahlen müßten, die sie genießen. „Der Christ, der seinen Sohn zum Kriegsdienst erzieht, trägt eine Staatslast, die ihm kein Geld der Juden bezahlen kann" (S. 31). Im übrigen habe Moses selbst das Beispiel dafür gegeben, die Einheimischen vor den Fremden zu begünstigen. Sieger blieben in diesem Streite freilich die Juden. Denn in der Folge wurden sie durch das Organisationspatent vom 16. August 1810, das alles über den Haufen warf, was sich in organisch historischem Wachstum herangebildet hatte, in den bürgerlichen Rechten allen andern Bürgern gleichgestellt. Sie brauchten dafür nur eine Ablösungssumme von 440 000 fl. zu zahlen, d. h. auch diese nur zur Hälfte, worauf ihnen am 28. Dezember 1811 diese Rechte ausdrücklich bestätigt wurden[61].

Unwillkürlich erinnert man sich an dieser Stelle an die Art, wie Goethe auftrat, als in Jena sich eine Freimaurerloge von der Berliner Loge „Zu den drei Weltkugeln" hatte konstituieren lassen und nun hinterdrein um die landesherrliche Genehmigung einkam[62]. Goethe nimmt dagegen Stellung. Sein Gutachten vom 31. Dezember 1807 enthält die Sätze: „Die Freimaurerei macht durchaus statum in statu. Wo sie einmal eingeführt ist, wird das Gouvernement sie zu beherrschen und unschädlich zu machen suchen. Sie einzuführen, wo sie nicht war, ist niemals rätlich." Jena würde durch eine solche Gründung viel zu selbständig „und, wer den Gang dieses Wesens kennt, der weiß, daß man sich in dieser Lage mit einer Aufsicht über eine solche Loge vergebens schmeicheln würde". Mag die Freimaurerei an kleinen Orten als „Anstalt zu einer Form der Geselligkeit" angesehen werden, in Jena, dies ist sein endgültiges Urteil, halte er sie für gefährlich. Karl August gab diesen Bedenken Raum und verbot die Eröffnung der Loge in Jena, ließ aber Anstalten zur Wiedereröffnung der Weimarer Loge „Amalia", die, 1764 gegründet, seit 1782 stillgelegt war, treffen. Offenbar ging der Herzog von der Erwägung aus, es sei besser, eine solche Loge, deren Mitglied er selber war und deren übrige Mitgliedschaft sich zum größten Teile aus dem Weimarer Adel und Beamtentum zusammensetzte, unter den Augen und unter seinem Einfluß zu haben, als sie an einer Stelle ihr Wesen treiben zu lassen, wo sie nicht oder nur schwer überwacht werden konnte.

Goethe hatte sich übrigens schon einmal gegen eine Logengründung in Jena gewehrt, im April 1789, als auch Jena „mit einer Loge bedroht" erschien. Wie der Herzog darüber dachte, wird deutlich, wenn Goethe ihm schreibt, er habe Johann Joachim Bode, dem eifrigsten Freimaurer Weimars, „mit der größten Aufrichtigkeit das Verhältnis hingelegt und ihm gezeigt, warum Sie weder zu einer solchen Einrichtung Ihre Einwilligung geben, noch durch die Finger sehen könnten". Auch nennt er den Gedanken des Herzogs, „ein Collegium über das Unwesen der geheimen Gesellschaft lesen zu lassen", trefflich. Aus dieser Haltung Goethes sowohl wie des Herzogs geht klar hervor, daß ihre Mitgliedschaft keinen andern Sinn haben konnte, als die Dinge, die sich da abspielten, im Auge zu behalten. Goethe war am 23. Juni 1780 auf eigenes Ansuchen Mitglied der Loge „Amalia" geworden, aus dem Bedürfnis, wie er an den Minister von Fritsch, den obersten Beamten des Staates und zugleich Meister vom

Stuhle schreibt[63], „mit Personen, die ich schätzen lernte, in nähere Verbindung zu treten, und dieses gesellige Gefühl ist es allein, was mich um die Aufnahme nachsuchen läßt". Es ist so gut wie gewiß, daß Goethe, wie auch der jüngere Freiherr von Lyncker berichtet[64], auf Wunsch Karl Augusts in den Orden eingetreten ist, der Herzog das Treiben aus eigener Anschauung kennenlernen wollte und dabei seinen Vertrauten vorangehen ließ. Goethe ging damals, 1789, noch weiter und veranlaßte eine Kundgebung der Literaturzeitung, „wodurch allen geheimen Verbindungen ein harter Stoß versetzt wird", denn es sei gut, „daß man öffentliche Feindschaft setze zwischen sich und den Narren und Schelmen". Am 18. April 1789 brachte die „Allgemeine Literatur-Zeitung" die Aufforderung, daß jeder deutsche Gelehrte, der von einer geheimen Gesellschaft zu einer Verbindung eingeladen wird, „die gegen die allgemein anerkannten Grundsätze des Wohles der menschlichen Gesellschaft und des Reichs der Wissenschaften auf nahe oder entfernte Art abzweckte", diese Einladung der Zeitung zuschicken solle, die sie dann veröffentlichen würde[65].

Noch einmal ergibt sich Gelegenheit, Goethes Stellung zur Frage der Emanzipation der Juden zu überprüfen. Durch den Wiener Kongreß ist sie ja neuerdings brennend geworden und wird eifrig in der Öffentlichkeit erörtert. Ein Echo gelangt auch an Goethe. Am 24. Juni 1816 schreibt er an Boisserée: „Die Heidelberger Jahrbücher haben mich in letzter Zeit sehr interessiert ... Die sämtliche Judenschaft erzittert, da ihr grimmiger Gegner, den ich so eben aus dem neunten Heft kennen lerne, nach Thüringen kommt. In Jena darf nach alten Gesetzen kein Jude übernachten. Diese löbliche Verordnung dürfte gewiß künftig besser als bisher aufrecht erhalten werden." Dazu gehört der Vermerk vom 20. Juni im Tagebuch: „Fries in den Heidelberger Jahrbüchern gegen die Juden"[66].

Wiederum spürt man, ehe man noch weiß, worum es da eigentlich geht, daß Goethe mit seiner Sympathie nicht auf seiten der Juden steht. In der Sache handelt es sich um eine ausführliche Besprechung der Schrift „Über die Ansprüche der Juden an das deutsche Bürgerrecht" (Berlin 1816) von Christian Friedrich Rühs. Der Verfasser dieser Besprechung ist Jakob Friedrich Fries[67].

Fries, der sich 1813 auf die nationale Seite gestellt hatte, war eben von Heidelberg nach Jena berufen worden. Rühs, seit 1810 Professor der Geschichte an der Universität Berlin, hatte sich auch mit der nordischen Mythologie und der Edda befaßt. So ist es kein Zufall, daß er an die Judenfrage gerät und darauf eine so klare, manches vorwegnehmende, Antwort findet, wie kaum einer seiner Zeit. Er sieht die Juden als eine Nation, die zwar über die ganze Erde zerstreut ist, aber doch eine so starke

Einheit bildet, daß ihr der einzelne Jude notwendig inniger ergeben ist als dem Volke, in und mit dem er lebt. Aber die Juden bilden nach ihm nicht nur ein Volk, sondern auch einen Staat, da die Grundgesetze ihrer Religion zugleich die ihres Staates seien. Daraus ergibt sich ihm der sonderbare Widerspruch, „daß ein Bürger des jüdischen Staats oder Reichs zugleich Bürger eines christlichen Staats sein will" (S. 5). Die üblen Eigenschaften der Juden, die man als Wirkung der Judenverfolgungen ausgebe, seien habituell und durch historische Berichte schon bezeugt zu einer Zeit, da sie noch nicht unterdrückt werden konnten. Ihre Forderungen bewegten sich ständig aufwärts, „von Billigem und Bescheidenem, von Duldung zur Anerkennung ihrer Menschenrechte, von dieser zur Erteilung aller Volks- und Bürgerrechte, von dieser zur Accomodation nach ihren Gesetzen und Sitten" (S. 28). Sei es doch schon so weit gekommen, daß anläßlich einer Aufführung des „Kaufmanns von Venedig" in Berlin Ramler das Unternehmen damit entschuldigen zu müssen geglaubt habe, daß er in einem Prolog versicherte, im allgemeinen seien die Christen die schlechteren Menschen. Und Rühs wird zum Sprecher einer bereits notwendig gewordenen Abwehr, wenn wir hören: „Jedes Volk, das sich in seiner Eigentümlichkeit und Würde zu behaupten und zu entwickeln wünscht, muß alle fremdartigen Triebe, die es nicht innig und ganz in sich aufnehmen kann, zu entfernen und auszuscheiden suchen, dies ist der Fall mit den Juden" (S. 32). Daraus aber folge, daß sie nur die Stellung eines geduldeten Volkes beanspruchen können, nicht aber das volle Bürgerrecht, ein Ansinnen, das frühere Zeiten als baren Unsinn angesehen hätten. Von Ehrenämtern und der Verteidigung des Vaterlandes seien sie auszuschließen: „Nur Deutsche dürfen neben Deutschen fechten; es muß eine wahre Ehre sein, das Schwert zu tragen, die nur dem Volksgenossen zukommen kann, und darum ist es billig, daß die Juden keinen Teil daran haben" (S. 38).

Man kann nicht sagen, daß Fries den Inhalt dieser Schrift klar wiedergegeben hat. Seine eigenen Gedanken mischen sich ein, Gedanken, die keiner so sicheren Anschauung entwachsen, wie Rühs sie besitzt. Anschauungen, die den Juden als rassisch gebunden erkennen — er spricht ausdrücklich von der „reinen Rasse" der Juden, die sie durch Heiraten untereinander erhalten — kreuzen sich mit andern, wenn er davor warnt, die Juden mit der Judenschaft, dem Judentum zu verwechseln: „Nicht den Juden unseren Brüdern, sondern der Judenschaft erklären wir den Krieg[68]". Was aber die Juden von der Judenschaft eigentlich unterscheidet, vermag Fries nicht deutlichzumachen, zumal er selbst beide Begriffe durcheinander gebraucht und die Juden als eine Nationalität begreift, womit er „ihren physischen Ursprung von einem eignen Volke" bezeichnen will[69]. Und es wird nicht klarer, wenn er die Judenschaft eine Völkerkrankheit nennt und als Heilmittel die Verbesserung der bürgerlichen Lage der Juden empfiehlt. Die Juden müßten „aus dem Judentum heraustreten" — im allgemeinen versteht Fries wohl den Schacher- und Wuchergeist als Judentum —, unendlich wichtig sei es, „unser Volk von dieser Pest zu befreien[70]". Seit der Französischen Revolution hätten die Juden begonnen, „unser ganzes bürgerliches Leben zu durchfressen". In Frankfurt sei schon die Hälfte des Handelskapitals in ihren Händen und die französisch-jüdische Regierung sei dort so weit gegangen, christliche Schulen von jüdischen Studienräten visitieren zu lassen[71]. „Laßt sie", fährt er fort, „nur noch 40 Jahre so wirtschaften, und die Söhne der christlichen Häuser mögen sich als Packknechte bei den jüdischen verdingen." Greife der Deutsche Bund da nicht ein, würden bald sämtliche Kapitalien und ein großer Teil des Grundbesitzes in Judenhänden sein. „Und unser Schicksal können wir dann an der Kulturgeschichte von Polen oder an Spanien abnehmen."

Dem sei, schlägt Fries vor, durch möglichste Verminderung der Juden, will sagen des Judentums, abzuhelfen, also etwa durch den Zwang, jüdische Kinder in christlichen Schulen zu erziehen, endlich dadurch, daß der Staat die Juden nur als Religionspartei schütze. Und er wendet sich, zurückkommend auf seine Scheidung von Juden und Judentum, gegen den Vorschlag von Rühs, den Juden als einem bloß geduldeten Volke die Bürgerrechte zu verweigern. Diese Auffassung enthalte nämlich „in ihrer Voraussetzung einer Rasse im Volk, welche nie zum vollen Bürgerrecht gelangen kann", eine Ungerechtigkeit, deren schlimme Folgen wieder auf die Christen zurückfallen würden. Denn die verminderte bürgerliche Ehre brächte den Juden ein recht erwünschtes Geschenk, Ehrlosigkeit, „dessen sie sich immer mit großem Vorteil bedient haben[72]". Fries ist nur weniger klar, aber nicht judenfreundlicher als Rühs, den er vielmehr übertrumpfen will, wenn er sein Rezept so formuliert: „Wenn unsere Juden nicht dem Greuel des Ceremonialgesetzes und Rabbinismus gänzlich entsagen, und in Lehre und Leben so weit zu Vernunft und Recht übergehen wollen, daß sie sich mit den Christen zu einem bürgerlichen Verein verschmelzen können, so sollten sie bei uns aller Bürgerrechte verlustig erklärt werden, und man sollte ihnen, wie einst in Spanien, den Schutz aufsagen, sie zum Lande hinausweisen[73]."

Dieser Vorschlag verhüllt Friesens eigentliche Gedanken mehr, als daß er sie enthüllte. Denn was stellt er sich unter dieser Verschmelzung der Juden mit den Christen zu einem bürgerlichen Vereine vor? Hat er doch eben erst die physische Artung des Juden als erstes Kriterium seines

Wesens hervorgehoben! So scheint seine eigentliche Meinung auf das Verschwinden des Judentums überhaupt zu zielen, sei's, daß die Juden vom Wirtsvolk völlig aufgesogen werden, sei's, daß ihre völlige Ausweisung beschlossen wird.

Goethe enthält sich in seinem Briefe an Boisserée jeglichen Urteils über den Aufsatz von Fries. Aber man spürt sehr deutlich, daß er mit seinem Herzen auf seiten des „grimmigen Judengegners" steht, mag er vielleicht auch nicht mit allen seinen Gedanken einverstanden gewesen sein. Daß er sie jedoch im ganzen bejahte, geht schon daraus hervor, daß er die Verordnung, die den Juden verbietet, in Jena zu nächtigen, ausdrücklich eine „löbliche" nennt. In dieser Hinsicht hatte sich an seinen Anschauungen nichts geändert. Denn schon 1797 berichtet er von seiner Schweizer Reise über Heilbronn mit unmißverständlicher, wenn auch schweigender Zustimmung: „Es werden keine Juden hier gelitten[74]."

Die Schrift von Rühs, die den Gegenstand des Friesschen Berichtes bildete, hatte auch sonst Beachtung gefunden und mehrere Gegenäußerungen hervorgerufen. Rühs hat auf alle diese Angriffe, namentlich auf den eines Kirchenrates Ewald, in einer neuen Schrift, „Die Rechte des Christentums und des deutschen Volkes. Verteidigt gegen die Ansprüche der Juden und ihrer Verfechter" (Berlin 1816), erwidert, von der nur zu bedauern ist, daß sie Goethe nicht zur Kenntnis gelangte. Er hätte sich in manchen seiner Gedanken hier bestätigt gefunden.

Rühs verweist da auf den engen Zusammenhang zwischen Politik und Religion, um „die Unverträglichkeit des Christentums und der Deutschheit mit dem Judentum und der Jüdischheit auseinanderzusetzen". Er tut damit nichts anderes als Goethe, wenn er in den „Wanderjahren" den Juden jeglichen Anteil an der christlichen Kultur abspricht. Rühs bekämpft die Ansicht seiner Gegner, daß zwischen Deutschen und Juden „kein anderer Unterschied stattfinde als nur die unbedeutende Verschiedenheit der Religion" (S. 12). Der Ausdruck „Konfession" sei daher völlig unschicklich für das Judentum, da Konfession nur eine besondere Ansicht innerhalb derselben Religion bedeute. Wiederum urteilt auch Goethe nicht anders, wenn er im 13. Buch von „Dichtung und Wahrheit" auf den immer weiter um sich greifenden „Humanismus" zu sprechen kommt: „Ein Damm nach dem andern ward durchbrochen. Die Duldsamkeit der Religionsparteien gegeneinander ward nicht bloß gelehrt, sondern ausgeübt, und mit einem noch größeren Einflusse ward die bürgerliche Verfassung bedroht, als man Duldsamkeit gegen die Juden mit Verstand, Scharfsinn und Kraft der gutmütigen Zeit anzuempfehlen bemüht war[75]."

Es geht Goethe gar nicht um die Argumente für diese Duldsamkeit. Er billigt ihnen — man kann nicht objektiver sein — Verstand, Scharfsinn und Kraft zu. Aber diese logischen Argumente sind hier sozusagen nicht zuständig, werden gar nicht diskutiert. Goethe lehnt sie vielmehr von vornherein ab, ohne überhaupt auf sie einzugehen, weil sie eine politische Gefahr bedeuten für eine, wie er sie etwas geringschätzig nennt, gutmütige Zeit, die sich dadurch überwältigen läßt. Daß sich Goethe nicht der Duldsamkeit der christlichen Religionsparteien widersetzt, ist selbstverständlich; aber in der Anwendung dieser Grundsätze auf die Juden sieht er eine Bedrohung der bürgerlichen Verfassung, also des Staates.

Rühs vermag das in dieser Schrift noch klarer und entschiedener zum Ausdruck zu bringen als in der vorigen. Daß die Juden eine Nation für sich bilden, woran, wie er sagt, vor 1815 kein Schriftsteller gezweifelt habe, ist ihm selbstverständlich; und er stellt von seinem Standpunkt aus die Frage, ob man denn den Unterschied zwischen den Ausdrücken „deutscher Jude“ und „jüdischer Deutscher“ nicht fühle. Und dieser sein Standpunkt ist unmißverständlich der rassische, wenn er als erstes Merkmal, durch das ein Volk vom andern sich unterscheidet, die Abstammung nennt. „Stammen die Juden von Deutschen ab“, fragt er, „oder haben sich ihre Stammväter so mit den Deutschen vermischt, daß eine Verschmelzung entstanden ist, wie's hin und wieder Slawen, Franzosen usw. getan haben. Wenn — um mich eines für meine Gegner gewiß leicht verständlichen Ausdrucks zu bedienen — in einem Volk ein Achtel oder Viertel Prozent fremder Mischung ist, so wird dadurch seiner Eigentümlichkeit eben nicht sehr geschadet. Die christlichen Deutschen waren schon deutsch, ehe sie Christen waren, aber auch die deutschen Juden, seit wann sind doch diese Deutschen zum Judentum übergetreten? Wie heißt ihr Bonifacius? ... Ist die deutsche Sprache der Juden nicht immer eine fremde, erlernte, die sie ... erst durch das Hebräische verstehen gelernt haben? ... Wenn also die Juden keine Juden, sondern Deutsche sein sollen, so weiß ich überhaupt nicht, wie und auf welche Art man Völker unterscheidet“ (S. 25).

Aber Rühs bleibt bei solchen Erkenntnissen nicht stehen, sondern zieht die praktischen politischen Folgerungen daraus. Das gilt zunächst für die sogenannten allgemeinen Menschenrechte, die für Rühs angesichts eines bestimmten, gegebenen politischen Zustandes bloße Begriffe sind. „Sie können nur durch ein Individuum geltend gemacht werden, und auf eine äußere, bestimmte Weise nur in einem bestimmten Volk“ (S. 28). „In ihren Menschenrechten werden die Juden nicht im mindesten gekränkt, wenn sie von bürgerlichen Rechten eines andern Volkes ausgeschlossen sind ... Natürliche Rechte gegen die Deutschen haben die Juden gar nicht“ (S. 28).

Alle besonderen Merkmale zusammengenommen machen für Rühs die Seele des Volkes aus. „Es muß sie als sein höchstes Gut betrachten, und gerade wie der einzelne seine Seele zu läutern und zu veredeln suchen; jedem Menschen liegt es ob, seine Individualität zu behaupten; durch eine flache Nachäfferei anderer, durch die Annahme fremder Eigentümlichkeiten wird sie entstellt, verwirrt und artet aus; ebenso muß auch die Volkstümlichkeit leiden, wenn man sie nicht in ihrer Reinheit erhält, sie durch Vermischung mit anderen Völkern verderblichen Einwirkungen bloßstellt; ihre ganze Entwicklung nimmt einen verkehrten Gang" (S. 29 f.). Natürlich können die Juden nichts anderes vertreten als ihr Volkstum, das Judentum, die Jüdischheit, wie Rühs auch sagt, „mithin gerade das Gegenteil, was die Deutschen wollen, das Christentum und die Deutschheit" (S. 33). So ist diese Stimme eine der frühesten und besonnensten derer, die sich warnend gegen die drohende Überfremdung erhoben. Goethe steht solchen Anschauungen nicht fern, wenn man sich an Lenardos Mahnung erinnert, im neuen Staate, denn darum geht es in dem Programm, das er entwirft, keinen Juden zu dulden. Von da aus wird denn auch deutlich, daß es sich in jenem Ausbruch gegen das neue Judengesetz in Sachsen-Weimar nicht um das Gepolter eines mißmutigen Greises handelt, sondern um einen Akt der Abwehr, der notwendig aus Goethes ganzer Haltung in der Frage erfolgen mußte. „Ich war kaum gegen 6 Uhr in Goethes Zimmer getreten", berichtet der Kanzler von Müller vom 23. September 1823[76], „als der alte Herr seinen leidenschaftlichen Zorn über unser neues Judengesetz, welches die Heirat zwischen beiden Glaubensverwandten gestattet, ausgoß. Er ahndete die schlimmsten Folgen davon, behauptete, wenn der Generalsuperintendent Charakter habe, müsse er lieber seine Stelle niederlegen, als eine Jüdin in der Kirche im Namen der heiligen Dreifaltigkeit trauen. Alle sittlichen Gefühle in den Familien, die doch durchaus auf den religiösen ruhten, würden durch ein solch skandalöses Gesetz untergraben ..." Das ist, wie gezeigt worden ist, kein neuer und vereinzelter Ton, sondern nur der Schlußakkord aus Stimmen, die je länger, je lauter sich im Werke Goethes geltend machen und die letztlich aus jener geistigen Mitte kommen, jener Anschauung einer organischen Lebenseinheit, für die Goethe den Namen Volkheit hat.

Überblickt man Goethes Äußerungen über die Juden im Zusammenhang, so ist eine immer kritischer werdende Haltung nicht zu verkennen. Unabhängig davon ist seine Stellung zu einzelnen Juden, wie er sich ähnlich dem Christentum gegenüber, soweit seine Person in Frage steht, anders verhält, als dort, wo er dafür als für die staatliche Religion eintritt. Die Judenfrage als ganze ist für Goethe durchaus eine organische, eine solche der Abstammung, also biologischen Erbes gewesen. Seine Ablehnung der Judenemanzipation wurzelt in der Überzeugung, daß die Juden innerhalb des deutschen Volkes einen Fremdkörper bilden, der das Wirtsvolk in seiner Lebensform zu bedrohen beginnt. Diese Überzeugung aber, und das ist das Entscheidende, steht nicht vereinzelt in Goethes Weltbild, sondern im unmittelbaren, wachstümlichen Zusammenhang mit seinen Grundanschauungen vom Wesen des Lebens überhaupt, die er durch jahrelange naturwissenschaftliche Studien gefestigt hat. Damit aber ist seine Stellung zu den Juden im ganzen und nach allen Seiten seiner Weltanschauung verwurzelt, so daß nun umgekehrt, von der Totalität dieser Weltanschauung aus gesehen, Goethe die Judenfrage gar nicht anders beantworten konnte, als er es tat. Seine negative Haltung in dieser Frage, die sich praktisch als Abwehr der Emanzipation, als Abneigung gegen den Typus Jude äußert und den normativen Charakter einer für das ganz deutsche Volk gültigen Lebensmaxime hat, schließt sein Verhalten einzelnen Juden gegenüber nicht aus, sondern ein. Weil er im Juden das, was er Daimon nannte, die artgeprägte Substanz sowohl wie Seele, aufs entschiedenste lebendig, tätig und wirksam sieht, so lebendig, daß es sich durch alle Zeiten rein zu erhalten vermochte, eben darum interessiert ihn der einzelne Jude und bedeutet ihm das Judentum als Ganzes eine Gefahr. Nicht, weil er sein Volk für schwächer hält! Es ist ihm vielmehr genau so ein Individuum, d. h. artgeprägte Form, wie das Judentum, aber es ist anders geprägt, und diese seine andere Prägung will er ihm erhalten wissen.

Goethe haßt die Juden nicht. Er studiert sie zeitlebens und umfaßt mit demselben gerechten, scharf beobachtenden Blick ihre guten wie schlechten Eigenschaften. So ist seine „Toleranz" zu verstehen, als die beobachtende Haltung eines Mannes, der ein fremdes Lebewesen in seinem Bereich und Eigenwerte gelten läßt, dem aber nicht einfällt, ja gar nicht einfallen kann, sich mit diesem Leben zu identifizieren oder es allzunah an sich herankommen zu lassen. „Des Menschen Leben lebt in seinem Blut", der Mensch ist kein Homunkulus, durch Mischung — „denn auf die Mischung kommt es an" — gemächlich komponiert, in einem Kolben verlutiert und gehörig kohobiert. So sieht ihn der lebens- und wirklichkeitsblinde Wagner. Goethe wußte es anders und besser. Er wußte um das Geheimnis von Zeugung und Empfängnis, den zarten Punkt

> ... aus dem das Leben sprang,
> Die holde Kraft, die aus dem Innern drang,
> Und nahm und gab, bestimmt, sich selbst zu zeichnen,
> Erst Nächstes, dann sich Fremdes anzueignen.

Anmerkungen

Die Goethe-Zitate beziehen sich, wo nicht ausdrücklich anderes vermerkt wird, auf die Cottasche Jubiläums-Ausgabe

[1] Vgl. Goethes Gespräche. Neu herausgegeben von Flodoard Frhrn. v. Biedermann. Leipzig, 1910. 3. Bd. S. 135 f.

[2] Vgl. die Briefe vom 29. Dezember 1821, 1. Oktober 1824, 26. Mai 1825, 1. Juli 1827: Briefwechsel, herausgegeb. von Friedrich Hirth. 1. Bd. S. 147, 331, 360 f., 367.

[3] Goethe und die Juden: Vorträge und Versuche. Beiträge zur Literaturgeschichte. Dresden, 1890. S. 215—280.

[4] A. a. O. S. 256.

[5] Brief vom 6. Mai 1887. A. a. O. S. 256.

[6] Ebenda S. 235.

[7] Goethe und die Juden. München, 1921: Deutschlands führende Männer und das Judentum. 3. Bd.

[8] Beispielsweise S. 265 in dem Gespräch Goethes mit dem Kanzler von Müller am 23. September 1823, wo die in unserem Zusammenhange gewiß nicht gleichgültige Stelle unterschlagen wird: „Er [Goethe] ahndete die schlimmsten und grellsten Folgen davon."

[9] Zu Eckermann am 25. Januar 1827.

[10] Vgl. S. 172, 226, Anm. 226. Nichtdestoweniger kommt Waldman selbst zu dem Schlusse: „**Goethe seemed to have been a firm believer in the purity of the Jewish race.**" S. 272.

[11] Weimarer Ausgabe, Bd. 37, S. 269.

[12] A. a. O. S. 313.

[13] Natürlich macht sich Waldman Konrad Burdachs Akademieschrift „Faust und Moses", Sitzungsberichte der Kgl. Preußischen Akad. d. Wissenschaften, Phil.-hist. Klasse, 1912, S. 404 ff., 627 ff., 736 ff. zunutze. Dagegen ist zu sagen, daß der Wert dieser ganz unkritisch ausgeschriebenen Arbeit nicht in der mißglückten Gleichung Faust=Moses beruht — dagegen spricht schon die sehr kritische Haltung Goethes gegenüber Moses in dem Aufsatze „Israel in der Wüste" —, sondern in den weiten geistesgeschichtlichen Sichten, die sie offenbart. Ansonsten gefällt sich Waldman in einer Forschungsmethode, welche die deutsche Wissenschaft längst als völlig ungeistig abgetan hat, nämlich in jener mechanischen und mechanisierenden Parallellenjagd, die beispielsweise Gretchens Lied am Spinnrad wegen einiger ganz zufälliger Parallelen durch das Hohelied vorgebildet glaubt!

[14] Es bedarf kaum der besonderen Erwähnung, daß Waldman dieses Buch nicht kennt oder seine Ergebnisse ignoriert.

[15] Selbst Waldman, der, ohne die Gegenstimmen zu kennen, von der Forschung längst überwundene Ansichten von Goethes Spinozismus des langen und breiten vorträgt, muß zugeben, daß schon im Shakespeare-Aufsatz Goethes, der zu

einer Zeit entstanden ist, in der Goethe von Spinoza so gut wie nichts gewußt hat, Ideen Spinozas zu finden seien.

16 An Jacobi am 20. April 1784. Nachlaß II, S. 265.

17 Aus der Zeit der Spinozastudien Goethes: Schriften II, S. 391—415.

18 Bd. 23, S. 153.

19 Nicht aber Lessing, Kant (!) und Schelling, wie Waldman, der diesem Ausspruche Goethes hilflos gegenübersteht, glaubt, a. a. O. S. 156.

20 Bd. 40, S. 152 f.

21 19. April 1812.

22 Bd. 36, S. 101.

23 Bd. 20, S. 161.

24 Gespräche, Bd. 1, S. 202.

25 Bd. 5, S. 151.

26 Bd. 5, S. 247.

27 Goethe, Maximen und Reflexionen, herausgegeb. von Max Hecker. Weimar, 1907. Nr. 335.

28 Bd. 22, S. 156.

29 Gespräche, Bd. 1, S. 12.

30 Hecker, a. a. O. Nr. 373.

31 Weimarer Ausgabe, Bd. 42, II, S. 407.

32 19. August 1808.

33 A. a. O. S. 421.

34 A. a. O. S. 422.

35 A. a. O. S. 424.

36 Hecker, a. a. O. Nr. 672.

37 Bd, 19, S. 186.

38 Bd. 5, S. 157.

39 Vgl. Hecker, a. a. O. Nr. 1330.

40 Gespräche, Bd. 2, S. 131 f.

41 In Jacobi am 1. Dezember 1785.

42 Z. B. Bd. 40, S. 153.

43 Waldman unterschlägt dieses Bild des Judentums, wie es Goethe sieht, und lenkt die Aufmerksamkeit dadurch ab davon, daß er auf die Esther-Dramen Hans Sachsens, Racines und Grillparzers eingeht und von da aus der Goetheschen Bearbeitung des Stoffes eine schlechte Zensur erteilt, um mit dem Klageruf zu schließen: What a pity! S. 138.

44 Bd. 2, S. 355.

45 Waldman nennt dieses Denken, das doch auf die innerste Mitte von Goethes Weltanschauung zielt, a queer philosophy. S. 272.

46 Bd. 2, S. 356.

47 Weimarer Ausgabe Reihe II, Bd. 3, S. 323.

48 Hecker, a. a. O. Nr. 95.

49 A. a. O. S. 304 f.

50 Bd. 5, S. 247.

51 7. Oktober 1828.

52 Diesen Zusatz Eckermanns unterschlägt Waldman. A. a. O. S. 267.

53 Weimarer Ausgabe, Reihe 2, Bd. 3, S. 213.

54 15. Januar 1808. Die Briefe der Frau Rat Goethe. Gesammelt u. herausgegeben von Albert Köster. Leipzig, 2. Bd., 1904, S. 176 f.

55 Bettinas Briefwechsel mit Goethe. Auf Grund ihres handschriftlichen Nachlasses nebst zeitgenössischen Dokumenten über ihr persönliches Verhältnis zu Goethe. Zum ersten Male herausgegeb. von Reinhold Steig. Leipzig, 1922. S. 38.

56 24. Januar 1808. A. a. O. S. 43.
57 Vgl. Riemer, Mitteilungen über Goethe. Berlin, 1841. 1. Bd. S. 439 f.
58 Braunschweig, 1808, Gedr. bei Friedr. Vieweg.
59 Mitgeteilt von Fiedr. Rühs in: Die Rechte des Christentums und des deutschen Volks. Berlin, 1816. S. 81 f.
60 A. a. O. S. 59.
61 Vgl. Karl Frhr. v. Beaulieu-Marconnay, Karl von Dalberg und seine Zeit. Weimar, 1879. 2. Bd., S. 189, 203, 375. Beilage 16.
62 Vgl. Gotthold Deile, Goethe als Freimaurer. Berlin, 1908, bes. S. 39 f., 42 ff., und Hugo Wernekke, Goethe und die königliche Kunst. 2., durchgesehene Auflage. Berlin, 1928, bes. S. 4, 19 ff. Beide Autoren sind selber Freimaurer.
63 13. Februar 1780.
64 Am Weimarischen Hofe unter Amalien und Karl August. Erinnerungen. Herausgegeb. von seiner Großnichte Marie von Scheller. Berlin, 1912. S. 79 f.
65 Vgl. zu der Freimaurer-Frage jetzt auch Hans Wahl, Goethe und das Logenwesen: Goethe. Vierteljahrsschrift der Goethe-Gesellschaft. Neue Folge des Jahrbuchs. 1. Bd., 3. Heft. Weimar, 1936, S. 234—240, ferner die Nummern 38, 46, 51 des Intelligenzblattes der Literaturzeitung von 1789.
66 Weim. Ausgabe, Reihe 3, Bd. 5, S. 244.
67 Heidelberger Jahrbücher der Literatur. 1816. Nr. 16 und 17. Zugleich zeigt Fries die Schrift an: „Deutschlands Forderungen an den deutschen Bund." Mainz, 1816.
68 A. a. O. S. 248.
69 A. a. O. S. 250.
70 A. a. O. S. 258.
71 A. a. O. S. 259.
72 A. a. O. S. 262.
73 A. a. O. S. 263.
74 Bd. 29, S. 58.
75 Bd. 24, S. 143.
76 Gespräche, Bd. 3, S. 12.